POLYGLOTT

MADEIRA

ON TOUR

DIE AUTORIN

SUSANNE LIPPS

Die promovierte Geografin ist auf Reiseführer zu Portugal und
Spanien spezialisiert. Für die Reihe POLYGLOTT on tour
betreut sie u. a. auch die Bände Azoren, Lissabon, Algarve und
Portugal. Seit über 20 Jahren hat sie Madeira auf beruflichen
und privaten Reisen oft besucht. Nach wie vor fasziniert
sie die vielfältige Natur und Kultur der Insel.

Unser E-Book-Code zur elektronischen Erweiterung des
POLYGLOTT on tour. Das kostenlose E-Book enthält die im
Reiseführer aufgeführten Adressen entlang der Touren,
beispielsweise zu Essen und Trinken, Shoppen, Aktivitäten
und Hotel-Tipps. Links auf einen externen Kartendienst
vereinfachen das Auffinden dieser Adressen.

WWW.POLYGLOTT.DE

SYMBOLE ALLGEMEIN

Erstklassig: Besondere Tipps
der Autoren

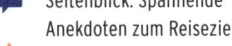
Seitenblick: Spannende
Anekdoten zum Reiseziel

Top-Highlights und
Highlights der Destination

58 TOUREN & SEHENSWERTES

TOUR-SYMBOLE		**PREIS-SYMBOLE**	
❶ Die POLYGLOTT-Touren		Hotel DZ	Restaurant
6 Stationen einer Tour	€	bis 90 EUR	bis 11 EUR
📖 A1 Die Koordinate verweist auf	€€	90 bis 180 EUR	11 bis 16 EUR
die Platzierung in der Faltkarte	€€€	über 180 EUR	über 16 EUR
📖 a1 Platzierung Rückseite Faltkarte			

ZEICHENERKLÄRUNG DER KARTEN

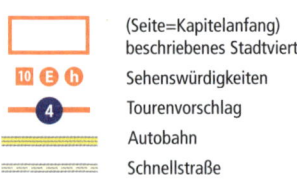

(Seite=Kapitelanfang) beschriebenes Stadtviertel	Hauptstraße
10 **E** **h** Sehenswürdigkeiten	sonstige Straßen
4 Tourenvorschlag	Fußgängerzone
Autobahn	Eisenbahn
Schnellstraße	Staatsgrenze
	Landesgrenze
	Nationalparkgrenze

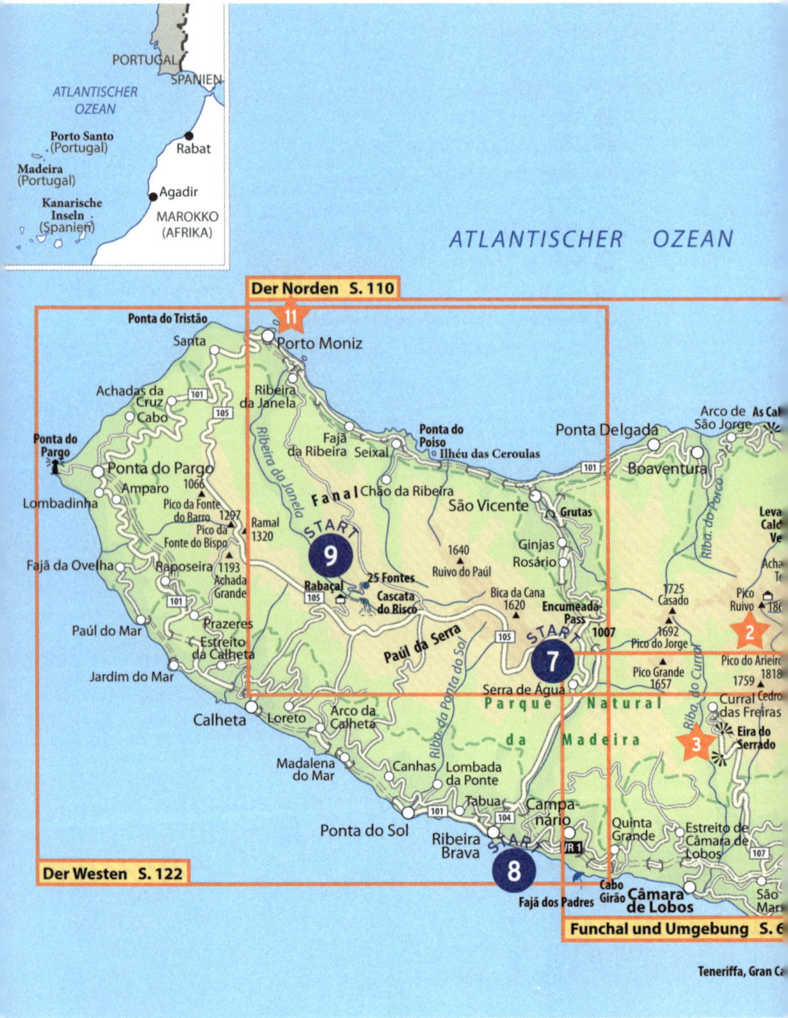

PORTUGAL

SPANIEN

ATLANTISCHER OZEAN

Porto Santo (Portugal)

Madeira (Portugal)

Rabat

Kanarische Inseln (Spanien)

Agadir

MAROKKO (AFRIKA)

ATLANTISCHER OZEAN

Der Norden S. 110

Ponta do Tristão

Santa

11

Porto Moniz

Achadas da Cruz Cabo

Ribeira da Janela

Arco de As Ca São Jorge

Ponta do Pargo

Ponta do Pargo

Amparo

Lombadinha

Fajã da Ribeira Seixal

Ponta do Poiso Ilhéu das Ceroulas

Ponta Delgada

Boaventura

Leva Cald Ve

Pico da Fonte do Barro 1066

1297 Pico da Fonte do Bispo

São Vicente

Grutas

Acha Te

Fanal

Chão da Ribeira

Fajã da Ovelha

Ramal 1320

START

Ginjas Rosário

1640

Pico Ruivo 18

Raposeira 1193 Achada Grande

Rabaçal 105

25 Fontes

Ruivo do Paúl

1725 Casado

1692

Prazeres

Cascata do Risco

Bica da Cana 1620

Encumeada-Pass 1007

Pico do Jorge

Pico do Arieiro 1818 1759

9

Estreito da Calheta

Paúl do Mar

Jardim do Mar

Paúl da Serra

START

7

Pico Grande 1657

Curral das Freiras

Cedro

Serra de Água

Parque Natural

da

Madeira

Eira do Serrado

3

2

Calheta

Loreto

Arco da Calheta

Madalena do Mar

Canhas

Lombada da Ponte

Tabua

Campa-nário

Quinta Grande

Estreito de Câmara de Lobos

107

Ponta do Sol

Ribeira Brava

START

8

Cabo Girão

Câmara de Lobos

São Mari

Fajã dos Padres

Der Westen S. 122

Funchal und Umgebung S. 6

Teneriffa, Gran Ca

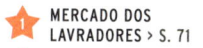

Perfekte Planung > Parallel vordere Klappe aufschlagen

TOP 12 HIGHLIGHTS

1. MERCADO DOS LAVRADORES > S. 71
2. PICO DO ARIEIRO > S. 80
3. EIRA DO SERRADO > S. 84
4. MONTE > S. 85
5. JARDIM BOTÂNICO > S. 88
6. PALHEIRO GARDENS > S. 89
7. KORBMACHERORT CAMACHA > S. 95
8. PONTA DE SÃO LOURENÇO > S. 106
9. RIBEIRO FRIO > S. 109
10. CASAS DE COLMO IN SANTANA > S. 114
11. PORTO MONIZ > S. 120
12. PRAIA DO PORTO SANTO > S. 140

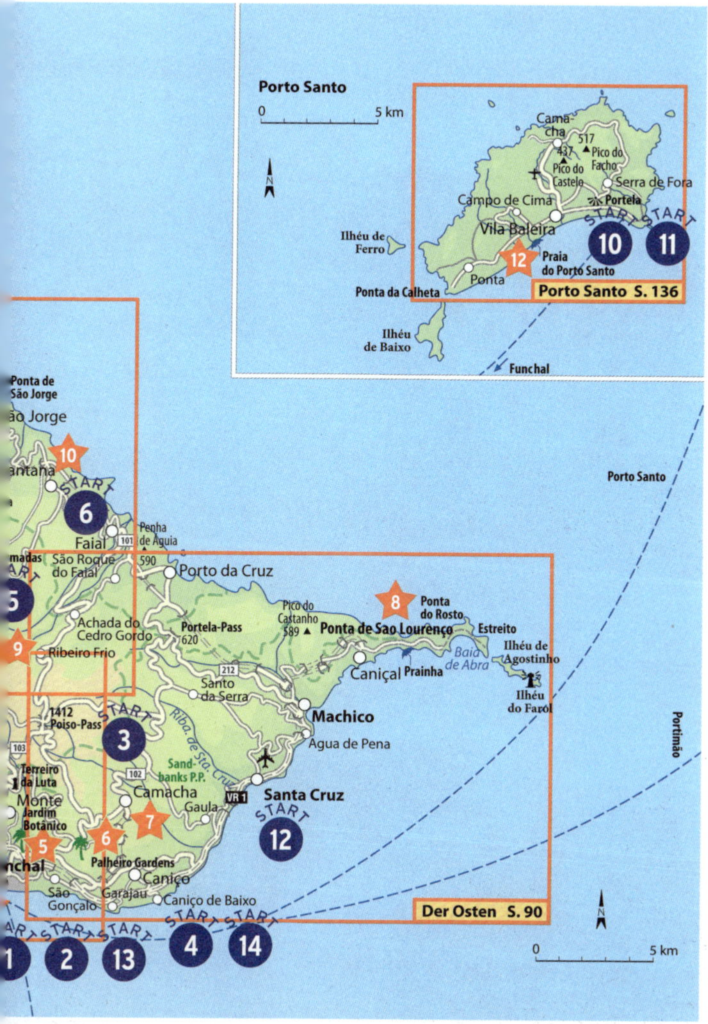
Porto Santo
0
5 km
N
Camacha
517
437
Pico do Facho
Pico do Castelo
Serra de Fora
Portela
Campo de Cima
Vila Baleira
Ilhéu de Ferro
Praia do Porto Santo
Ponta
Ponta da Calheta
Porto Santo S. 136
Ilhéu de Baixo
Funchal
START
10
11
12
Ponta de São Jorge
São Jorge
Santana
Faial
Penha de Águia
101
590
São Roque do Faial
Porto da Cruz
Achada do Cedro Gordo
Portela-Pass
620
Pico do Castanho
589
Ponta de Sao Lourenço
Ponta do Rosto
Estreito
Ilhéu de Agostinho
Baia de Abra
Caniçal
Prainha
Ilhéu do Farol
Ribeiro Frio
212
Santo da Serra
Machico
Agua de Pena
1412
Poiso-Pass
Riba. de Sta. Cruz
Sand-banks P.P.
103
102
Terreiro da Luta
Camacha
Monte
Jardim Botânico
Gaula
VR 1
Santa Cruz
Funchal
Palheiro Gardens
Caniço
São Gonçalo
Garajau
Caniço de Baixo
Der Osten S. 90
Porto Santo
Portimão
0
5 km
N
START
1
2
3
4
5
6
7
8
9
10
12
13
14

Der Fischerort Câmara de Lobos ist eine der ältesten Siedlungen Madeiras

TYPISCH

MADEIRA IST EINE REISE WERT!

Hibiskus und Kapuzinerkresse blühen um die Wette, milde Luft schmeichelt dem Wohlbefinden, museale Tradition wetteifert mit modernem Leben. Steil ragen die Berge aus dem Meer, von einem grünen Pflanzenteppich überzogen. Eine Insel für Nostalgiker und Naturliebhaber.

SUSANNE LIPPS

Die promovierte Geografin ist auf Reiseführer zu Portugal und Spanien spezialisiert. Für die Reihe POLYGLOTT on tour betreut sie u. a. auch die Bände Azoren, Lissabon, Algarve und Portugal. Seit über 20 Jahren hat sie Madeira auf beruflichen und privaten Reisen oft besucht. Nach wie vor fasziniert sie die vielfältige Natur und Kultur der Insel.

Zwei Eindrücke prägten mein Bild von Madeira, Jahre bevor ich die Insel erstmals persönlich bereiste. Eine Fernsehsendung, in der die berühmte und weltweit einmalige Korbschlittenfahrt zu sehen war. Und eine Ansichtskarte von Freunden, die jede Menge kleiner, weißer Häuser mit roten Ziegeldächern inmitten von subtropisch üppigen Gärten zeigte. Beides steht für das alte, nostalgische Madeira, das Kaiserin Elisabeth von Österreich (»Sisi«) im

Pflastermosaiken zieren die Praça do Município in Funchal

19. Jh. im deutschsprachigen Raum populär machte, indem sie einen Winter auf dem damals vom Rest der Welt noch recht isolierten Eiland mitten im Atlantik verbrachte.

Die noble Atmosphäre von »anno dazumal« ist auch heute noch überall zu spüren, wird sogar bewusst gepflegt. Ob Sie sich zum Afternoon Tea ins vornehme Reid's Hotel begeben oder – von dezenter Livemusik begleitet – Kaffee und Kuchen auf der Straßenterrasse des Traditionscafés Ritz genießen, vielleicht auch einfach die Seele in den nach englischer Art angelegten Stadtgärten baumeln lassen … Vor allem in Funchal begegnen Ihnen

Farbenfrohes Blumenfestival in Funchal

auf Schritt und Tritt Zeugen einer ruhmreichen Vergangenheit. Ständig werden diese um weitere nostalgische Elemente ergänzt, etwa um eine Seilbahn, die heute die Altstadt von Funchal mit dem Villenvorort Monte verbindet, oder um fantasievolle Pflastermosaiken auf Plätzen und in Fußgängerzonen, die eine alte Handwerkskunst aufgreifen und fortführen. Auch die neu angelegte Praça do Povo an der Meerespromenade, der bunte Blumenrabatten das charakteristische Gesicht geben, steht in dieser Tradition. Nichtsdestotrotz entstand in den letzten zwei Jahrzehnten parallel dazu auch ein modernes Madeira. Mit rasanter Geschwindigkeit hielten eine zeitgemäße Infrastruktur, Versorgungs- und Dienstleistungsstandards Einzug, die einen Aufenthalt bequem und angenehm gestalten.

Madeira – das ist nicht nur Funchal, das ist auch Berg und Tal, Regenwald und Wüste. Auf engstem Raum dreht sich die Szenerie um 180 Grad. So wird die Hochebene Paúl da Serra im Westen der Insel gern als Schottland »en miniature« bezeichnet, ein durchaus zutreffender Vergleich angesichts der oft vom Nebel umwaberten Moorlandschaft, die von mageren Rindern und im Herbst von Kaninchenjägern durchstreift wird. Die Berge im Osten stehen in denkbar krassem Gegensatz dazu. Hier beherrschen bizarre Felsnadeln, senkrechte Abhänge und unergründliche Schluchten das Bild. Wer etwa ins abgeschiedene Nonnental im Inselinneren fährt, sollte schon schwindelfrei sein angesichts der Abgründe, die sich am Straßenrand auftun. Grandiose Aussichten, speziell vom Miradouro Eira do Serrado, wo Sie rund 800 m in die Tiefe blicken, sind der Lohn der Mühe. Kaum weniger imposant ist der »Skywalk« am Cabo Girão, diesmal mit senkrechter Sicht aufs Meer.

Bizarre Felslandschaften prägen die Halbinsel Ponta de São Lourenço

Eine Fahrt in den Norden der Insel führt Sie in eine andere Welt. In den fast undurchdringlichen Lorbeerdschungel, der die Hänge überzieht, gewähren nur die Levadas Einlass – schmale Wasserrinnen, die über viele Kilometer hinweg das kostbare Nass aus Quellen und Kaskaden einsammeln, um es zu den oft zu Dutzenden übereinandergestapelten Terrassenfeldern an der trockeneren Küste zu leiten. Dort gedeihen dank der Bewässerung tropische Kulturen wie Bananen oder Zuckerrohr. Bauerndörfer und freundliche Kleinstädte laden zu Besichtigungsstopps ein, das ländliche Leben geht noch seinen ruhigen Gang.

Und die Wüste? Besuchen Sie doch einmal die Ostspitze Madeiras, die flache, von Vulkanhügeln durchzogene Ponta de São Lourenço. Bizarre Felsen türmen sich dort an der brandungsumtosten Küste. Die Landzunge selbst präsentiert sich steppenhaft karg, im Frühjahr aber auch überraschend blütenreich. Für Wanderer ein Eldorado, aber auch wunderschön, um einfach zu schauen und zu fotografieren. Und den erlebnisreichen Tag vielleicht in der alten Hauptstadt Machico mit einer Poncha, dem typischen Getränk Madeiras, ausklingen zu lassen.

WAS STECKT DAHINTER?

Die kleinen Geheimnisse sind oftmals die spannendsten. Hier werden die Geschichten hinter den Kulissen erzählt.

WARUM HABEN DIE PALÄSTE IN FUNCHAL TÜRME?

Das Rathaus, einst Wohnsitz einer Adelsfamilie, hat einen und viele andere vornehme Häuser aus vergangenen Jahrhunderten auch. Nirgendwo in Portugal findet sich Vergleichbares. Die Aufgaben der Türme waren vielfältiger Natur. Sie beherbergten Zimmer und Hauskapellen, verhalfen den Besitzern zu Prestige und dienten auch als Ausguck. Rund um die Uhr waren sie mit Posten besetzt, die Alarm gaben, wenn sich ein Schiff der Stadt näherte. Handelte es sich um Piraten, zog man rasch die Wachmannschaft im Innenhof zusammen und verriegelte das Tor. Aber der Hausherr war auch daran interessiert, informiert zu werden, sobald ein Kauffahrer eintraf. Dann begab er sich in aller Eile zum Hafen, um dort Geschäfte früher als die Konkurrenten zu tätigen.

WIE KAM DIE FORELLE NACH MADEIRA?

Früher bevölkerte als einziger Süßwasserfisch der Aal die kurzen und eher periodisch wasserführenden Flüsse Madeiras. Um den Angelsport zu beleben, führte die Forstbehörde 1960 die Regenbogenforelle aus Nordamerika ein. Sie fühlt sich in allen halbwegs geeigneten Binnengewässern der Insel wohl, auch in Tümpeln und größeren Levadas. Durch Überfischung wie auch durch winterliche Starkregen oder sommerliche Trockenheit kommt es allerdings immer wieder zu großen Verlusten. So müssen regelmäßig zusätzliche Jungtiere ausgesetzt werden, für deren Zucht die idyllische staatliche Anlage in Ribeiro Frio verantwortlich zeichnet. Sie beliefert auch private Fischzuchten mit Forellennachwuchs.

WIE FUNKTIONIEREN DIE KUHSTÄLLE?

Überall auf Madeira blinken die Dächer winziger Hütten zwischen den Terrassenfeldern in der Sonne. Früher besaßen die traditionellen Viehställe ein Strohdach. Inzwischen ist man meist zum einfacher zu pflegenden Wellblech übergegangen. Ein oder zwei Kühe finden in diesen *palheiros* (*palha* = Stroh) Platz, zuweilen auch Ziegen. Vor Jahrhunderten wurden sie eingeführt, da in dem steilen Gelände kein Platz für Weiden vorhanden war. Etwa viermal am Tag müssen die Tiere gefüttert werden. Ganz selten sieht man noch Landwirte, die mit der Sichel Gras und Kräuter an Wegrändern abschneiden und – zu großen Bündeln geschnürt – auf dem Rücken zu den Ställen tragen. Viele *palheiros* stehen heute leer, da die zentrale Inselmolkerei geschlossen wurde.

50 DINGE, DIE SIE ...

Hier wird entdeckt, probiert, gestaunt, Urlaubserinnerungen werden gesammelt und Fettnäpfe clever umgangen. Diese Tipps machen Lust auf mehr und lassen Sie die ganz typischen Seiten erleben. Viel Spaß dabei!

... ERLEBEN SOLLTEN

1 **Stranderlebnis** Abenteuerlich ist die steile Seilbahnfahrt (2 €) zur Praia do Garajau ∎ F5. Wer sich beim Schwimmen noch nicht genug ausgetobt hat, steigt auf dem Rückweg zum Parkplatz zu Fuß die 200 Höhenmeter hinauf.

2 **Gleitschirmfliegen** Auf einem Tandemflug mit dem erfahrenen Gleitschirmpiloten Hartmut Peters kann jeder ohne Vorkenntnisse in Arco da Calheta ∎ B4 abheben und eine atemberaubende Aussicht genießen (www.airbase.de, 30 Min. 75 €).

3 **Endemische Vogelarten** Bei der Halbtagsexkursion in den Inselosten entdecken Sie in Begleitung eines Spezialisten (engl.) wilde Kanarienvögel, Gebirgsstelzen, Kanarenpieper und mancherlei weitere ungewöhnliche Vögel (35 €, online 30 €, www.madeirawindbirds.com).

4 **Wochenend-Picknick** Machen Sie es wie die Madeirenser, die am Sonntag die Picknickplätze in den Bergen bevölkern. Kontakte ergeben sich dabei zwanglos. Ein beliebtes Freizeitareal liegt beim Forsthaus am Pico das Pedras ∎ E3 (ER 218 Santana – Pico Ruivo).

5 **Über den Wolken stehen** Brechen Sie früh auf, um den Pico Ruivo › S. 116 zu besteigen. Vor 11 Uhr ist die Chance auf klare Sicht am Gipfel am besten. Sie schauen auf die Wolkendecke hinab, die im Tagesverlauf oft das ganze Bergland verhüllt.

6 **Weinlese** Zur Festa do Vinho Madeira › S. 51 Anfang September können Sie selbst bei der Traubenernte Hand anlegen. In Estreito de Câmara de Lobos › S. 82 öffnet jedes Jahr ein anderes Weingut seine Tore. Mutige stampfen hinterher auf dem Dorfplatz das Lesegut mit bloßen Füßen (www.visitmadeira.pt).

7 **Malen** Die Künstler der Galeria BELA 30 in Funchal ∎ E5 schaffen schöne Bilder, gerne von Segelschiffen und dem Meer. Wer selbst zum Pinsel greifen möchte, belegt hier Malkurse (Rua Bela São Tiago 30, Tel. 968 332 880, 10 Std. 300 € inkl. Material).

8 **Ausflug per City Bubble** Fahrspaß pur für ein oder zwei Personen versprechen die winzigen, offenen Fahrzeuge von Renault Twizy (lokal *Bubbles* genannt). Dank GPS-Steuerung gelangen auch Ortsunkundige problemlos ans Ziel. Verschiedene Ausflüge sind ab Funchal ∎ E5 möglich (www.citybubbles.pt, ab 26 €).

Über den Wolken auf dem Pico Ruivo, Madeiras höchstem Gipfel

... PROBIEREN SOLLTEN

9 Käsekuchen Absolut typisch sind die runden *queijadas*, süße Teilchen, in deren Teig *requeijão* verarbeitet wird – ein quarkähnlicher Frischkäse. Schmeckt besonders gut zum Milchkaffee, etwa in Camacha in der Bar da Torre › S. 96.

10 Weizensuppe Eine Spezialität von Santana. Ganze Körner, weich gekocht, werden mit Salzfleisch, Kartoffeln und Gemüse zu einer eintopfartigen Suppe kombiniert. Etwa in der Bar O Colmo ▌ E3 (Santana, ER 101, Durchgangsstraße, nahe Rathaus, Tel. 291 570 290).

11 Pão de Chouriço Dieses besondere Brot ähnelt dem *bolo de caco* › S. 54, doch wird noch eine scharfe Paprikawurst hineingewickelt. Heiß von der Eisenplatte z. B. am Stand in Funchal vor dem Museu de Electricidade (Rua Casa da Luz 2, nahe Markthalle) ▌ E5.

12 Spaghetti mit Meeresfrüchten Mit Reis kombiniert sind Meeresfrüchte in Portugal ein Standardgericht. Es gibt auch eine ebenso wohlschmeckende Variante mit Pasta. Für Würze sorgen Tomaten, Zwiebeln und Koriander. Schmackhaft z. B. im O Regional › S. 78.

13 Meeresschnecken Gesammelt werden sie an den nahen Küstenfelsen. Die Empfehlung für das Restaurant Preia-mar in Madalena do Mar › S. 132 lautet: gegrillte Meeres-

Brasilianische Spieße, am Tisch serviert

schnecken, entweder die größeren, flachen *lapas* (Napfschnecken) oder die kleineren, kegelförmigen *caramujos* (Strandschnecken).

⑭ Hausgemachte Eisspezialität Ungewöhnliche Eissorten wie etwa Eis aus *pitangas,* einer kirschähnlichen einheimischen Frucht, bietet z. B. die Manifattura Di Gelato 📕 B4, die unter den Eisdielen Madeiras ganz hoch im Kurs steht (Calheta, Jachthafen, Tel. 961 805 266).

⑮ Apfelwein Der fruchtige *sidra* wird in den Bergen Madeiras nach alten Hausrezepten gekeltert. Durstige Wanderer genießen ihn in der winzigen Bar Flora da Selva am Levadaweg zu den Balcões › S. 109. Die Apfelbäume stehen gleich nebenan.

⑯ Zitronentee Im Inselnorden gedeihen Zitronen. Ihre Schalen ergeben, mit heißem Wasser aufgebrüht, ein schmackhaftes Getränk

für kalte Tage. Bestellen Sie den *chã de limão* doch einmal in der Bar Portela à Vista › S. 107.

⑰ Brasilianische Spieße In südamerikanischer Tradition drehen sich Rindfleisch, Huhn, Speck und Wurst für den *rodizio* an Riesenspießen auf dem Grill, so im Central Grill in Funchal 📕 E5 (Rua da Levada dos Barreiros 86, Tel. 291 934 344).

⑱ Lupinensamen Wer die Samen der Süßlupine nicht kennt, hält sie vielleicht für riesige Maiskörner. Mit Knoblauch, Paprika und Petersilie eingelegt schmecken sie lecker zum Bier. Fragen Sie in den Kneipen von Câmara de Lobos › S. 83 danach. Vorsicht bei Erdnussallergie!

... BESTAUNEN SOLLTEN

⑲ Mandolinenorchester Fast jeden Mittwoch gibt sich im Centro de Congressos da Madeira (vor dem Casino › S. 68) um 21 Uhr das Orquestra de Bandolins da Madeira die Ehre. Leichte Klassik, etwa von Vivaldi oder Strauss, ist angesagt (20 €/Pers., Termine auf Plakaten, Infos und Tickets im Posto de Turismo oder an der Abendkasse).

⑳ Schnee In den Bergen schneit es im Winterhalbjahr immer mal wieder. Die Einheimischen fahren dann sogleich hinauf, soweit es der Straßenzustand zulässt (geräumt wird nicht!), um mit einem Schneemann auf der Motorhaube hupend zur milden Küste zurückzukehren.

21 Sonnenuntergang im Westen
Nichts verstellt mehr den Weg Richtung Amerika, wenn Sie an der Ponta do Pargo auf dem Aussichtspunkt neben dem Leuchtturm stehen › S. 135. Besonders beeindruckend, wenn die Sonne abends glutrot im Meer versinkt.

22 Korbflechter bei der Arbeit Im Café Relógio › S. 96 können Sie in der Werkstatt den Korbflechtern bei ihrer komplizierten und mühseligen Arbeit über die Schulter sehen und über deren Geschick staunen.

23 Aussicht vom Turm Einen genialen Blick über die Dächer der Stadt bietet die Turmterrasse der Igreja do Colégio in Funchal › S. 74. Im Kirchenraum weist das Schild »Torre« den Weg (Mo–Fr 10–15 Uhr, Eintritt 1 €).

24 Kräutergarten Eine Oase mitten in Funchal ist der Jardim das Plantas Aromáticas 📙 E5. Links neben dem naturhistorischen Museum › S. 75 führt ein Durchgang in den lauschigen Kräutergarten, wo exotische Schmetterlinge von Blüte zu Blüte flattern (Mo–Fr 9–17.30 Uhr, Eintritt frei).

25 Statue des Kaisers Ein überlebensgroßes Bronzedenkmal des letzten österreichischen Kaisers, Karl von Habsburg, erhebt sich auf dem Treppenabsatz unterhalb der Wallfahrtskirche von Monte › S. 87. Errichtet wurde es anlässlich seiner Seligsprechung im Jahr 2004.

26 Madonna im Vulkan Von einer gewaltigen Eruption zeugen dunkle Lavasäulen an der Mündung der Ribeira da Janela › S. 121. In eine

Aus Weidenruten fertigen die Korbflechter in Camacha ihre Arbeiten

Nische duckt sich eine Marienfigur, wie um den Vulkan zu beruhigen. Rundherum haben zahlreiche Besucher Strandkiesel in Gesteinslöchern abgelegt.

27 Drachenbäume Das einzige Vorkommen wild wachsender Drachenbäume auf Madeira, dieser archaischen Zeugen einer anderen Zeit, ist im Núcleo de Dragoeiros das Neves ▌ F5, einem kleinen Park an Funchals Peripherie, zu besichtigen (São Gonçalo, ER 204 Funchal – Machico, Mo–Fr 9–17.30 Uhr, Eintritt frei).

28 Robuste Pflanzenteller Nur wenige Pflanzen gedeihen an steilen Felsen. Das Drüsenäonium hat den Bogen raus. Vielerorts sind Steilwände von dem tellerförmigen Dickblattgewächs übersät, zu bewundern etwa entlang der alten Landstraße von Faial nach Santana (ER 101-1) › S. 114.

Wandern entlang einer Levada

29 Friedenssymbol Zum Blumenfest › S. 50 werden auf Funchals Praça do Município ▌ E5 Dutzende von Tauben freigelassen – als Aufruf zu weltweitem Frieden ein sehr emotionaler Moment zum Abschluss des Kinderumzugs (Sa ab 10 Uhr).

30 Skurrile Felsen Bei der Achada do Teixeira ▌ E3 erheben sich zwei bemerkenswerte Felsformationen: die *Cara* (Gesicht) und der *Homem em Pé* (stehender Mensch), der die Einheimischen zu Sagen über einen einsamen Riesen in den Bergen inspirierte. Zu erreichen vom Parkplatz in zwei Minuten auf einem Pfad rechts an der Hütte vorbei.

... MIT NACH HAUSE NEHMEN SOLLTEN

31 Foto mit Cristiano Ronaldo Anlaufpunkt am Hafen von Funchal ist ein Standbild, das in Überlebensgröße Cristiano Ronaldo darstellt, den von Madeira stammenden Weltfußballer. Es steht vis-à-vis seines Museums › S. 66. Fotos mit dem Idol sind der absolute Renner.

32 Kastanienkuchen Edelkastanien werden in Curral das Freiras zu *broas de castanha* verarbeitet, leckeren süßen Brötchen, die sich – in Folie eingeschweißt – gut als Mitbringsel eignen. Erhältlich z. B. im Café von Eira do Serrado › S. 84.

33 Avocados Die nahrhaften Früchte, am Ende der Reise gekauft und im Handgepäck verstaut, hal-

Der unbestrittene Superstar der Insel vor seinem CR7 Museum am Hafen von Funchal

ten sich zu Hause noch ein paar Tage. Daher unbedingt ein oder zwei mitnehmen, z. B. in Bioqualität vom Mercado de Agricultura Biológica in Funchal › S. 71.

34 **Agapanthus** Die Wurzelstöcke der Schmucklilie treiben auch bei uns aus und bilden blaue oder weiße Blütendolden. Im Winter frostsicher im Haus unterbringen! Zu kaufen z. B. im Strohhaus-Blumenladen neben dem Rathaus von Santana ▌ E3.

35 **Zuckersirup** Heute wird Zuckerrohr auf Madeira großenteils zu *mel de cana* verarbeitet. Der dunkelbraune Zuckerrohrsirup ist in kleinen und großen Gläsern überall im Handel und gilt im Gegensatz zu raffiniertem Zucker als Vollwertprodukt. Macht sich gut im Müsli oder in Desserts.

36 **Getrocknete Bananen** Auf der Insel haben Trockenfrüchte eigentlich keine Tradition. Eine Ausnahme gibt es, nämlich getrocknete Bananen, eine geschmacksintensive und gesunde Süßigkeit. Sie werden in der Quinta Pedagógica von Prazeres › S. 134 hergestellt und im dortigen Hofladen verkauft.

37 **Weihnachtsstern-Untersetzer** Zu den attraktivsten Produkten der Madeira-Stickerei zählen die leuchtend roten Miniaturdeckchen, den Blüten von Weihnachtssternen nachempfunden. In der Winterzeit zu Hause eine Zierde für jeden Esstisch. Bei Patrício & Gouveia › S. 73.

38 **Orchideenschmuck** Aus echten Orchideenblüten entstehen durch spezielle Behandlung außergewöhnliche Schmuckstücke, etwa mit Gold hinterlegte Broschen aus

Cattleya-Blüten in kräftigen Farben wie Rot, Blau oder Grün (ca. 45 €). Jedes Teil ein Einzelstück bei The Orchid Gifts of Madeira 📖 E5, Funchal, Centro Comercial Monumental Lido, www.orchid-gifts-madeira.com.

❸❾ Schreibblock von Gaudeamus Der akademische Laden (Loja Académica) der Madeira-Universität vertreibt eigene Produkte, die Erlöse kommen den Studenten zugute. Unkompliziert und formschön sind etwa die Schreibblöcke im DIN-A5-Format mit Deckblättern, die alte Postkartenmotive von Funchal zeigen (Kreuzgang des Jesuitenkollegs › S. 75, Mo–Fr 10–18.30, Sa bis 13 Uhr).

❹⓪ Kaffeemischung In Portugal werden dem uns vertrauten Arabica-Kaffee oft noch die kräftigere Sorte Robusta oder auch *cevada* (Gerste) beigemischt. Im Nostalgieladen Nova Lojinha dos Cafés 📖 E5 können Sie sich Ihre gewünschte Mischung zusammenstellen (Funchal, Rua do Visconde de Anadia, gegenüber der Markthalle).

... BLEIBEN LASSEN SOLLTEN

❹❶ Leitungswasser trinken Es ist chemisch behandelt und eignet sich zum Trinken eher nicht. Daher sollte man lieber Tafelwasser aus dem

Traditionell kennt man sich in ganz Portugal mit speziellen Kaffeemischungen und Röstungen besonders gut aus

Supermarkt verwenden, eventuell auch zum Zähneputzen.

42 **In der Brandung baden** Vor allem an der Nordküste treten starke Strömungen und kräftige Brandung auf. Generell vorsichtig beim Baden im offenen Meer sein! Sicherer ist es an den durch Molen geschützten Sandstränden von Machico und Calheta oder in bewachten Felsbadeanlagen, z. B. in Porto Moniz › S. 120. Beflaggung (rot = Badeverbot) beachten!

43 **Sonne unterschätzen** Auch bei bedecktem Himmel droht ein Sonnenbrand, speziell in den Frühjahrs- und Sommermonaten, wenn die Sonne hoch am Himmel steht.

44 **Wertsachen bei sich tragen** Nehmen Sie speziell bei Ausflügen in die Hauptstadt Funchal nur das Nötigste mit. Alle anderen Wertsachen und größere Geldbeträge gehören in den Hotelsafe.

45 **Ungeduld zeigen** Die Uhren gehen auf Madeira durchaus noch etwas langsamer. Am besten etwas mehr Zeit einkalkulieren.

46 **Levadas unterschätzen** Einige Levadawege eignen sich nur für absolut schwindelfreie Wanderer. Denn nicht immer bieten an steilen Hängen Geländer Sicherheit. Vorher also genau erkundigen!

47 **Ohne Regenschutz losfahren** Plötzlicher Wetterumschwung ist auf Madeira nicht selten. Vor allem

Beim Restaurantbesuch lässt man das Trinkgeld *(gorjeta)* auf dem Teller

bei Fahrten in die Berge oder an die Nordküste ist mit Regen zu rechnen. Daher gehören Regenjacke oder Schirm stets ins Gepäck.

48 **Getrennt zahlen** Kleinere oder größere Gruppen bekommen vom Kellner stets eine gemeinsame Rechnung. Entweder zahlt einer für alle, oder es wird großzügig geteilt.

49 **Stimmt so** Wer im Restaurant Trinkgeld geben möchte, lässt sich immer erst das Wechselgeld herausgeben. Beim Verlassen des Lokals legt man als »Tip« für den Service ein paar Münzen (5–10 %) auf den Rechnungsteller.

50 **Timeshare-Verträge voreilig abschließen** In Funchal werden Timeshare-Wochen in Ferienanlagen verkauft. Überlegen Sie genau, ob Sie sich wirklich auf Jahre hinaus in dieser Form binden wollen.

Spaziergang am ausgedehnten
Sandstrand von Porto Santo

REISEPLANUNG
& ADRESSEN

DIE REISEREGION IM ÜBERBLICK

Madeira – Insel der exotischen Blütenpracht mitten im Atlantik. Sie etablierte sich als Paradies der Wanderer und ist seit Langem ein Ziel all jener, die der europäischen Winterkälte entfliehen wollen.

Neuerdings aber locken ein steigendes Angebot an Wassersportmöglichkeiten, mehrere Golfplätze und der im Trend liegende Ökotourismus auch im Sommerhalbjahr viele Besucher auf die Insel. In der Hauptstadt **Funchal** – gern nennt man sie Klein-Lissabon – lebt knapp die Hälfte der Inselbevölkerung. Hier konzentrieren sich nicht nur Kirchen, Museen und ehrwürdige Paläste, sondern auch tropische Gärten, Einkaufszentren, Restaurants und Cafés. Zudem steigen rund zwei Drittel aller Madeira-Urlauber in den Hotels der Stadt ab, deren Tradition bis ins 19. Jh. zurückreicht. Nicht weniger reizvoll ist das nähere Umland, so der Villenvorort Monte, das legendäre Nonnental, der urige Fischerort Câmara de Lobos oder der 1818 m hohe und doch per Auto oder Bus bequem erreichbare Gipfel des Pico do Arieiro.

Im **Inselosten** liegt Caniço de Baixo. Im Vergleich zu Funchal blieb Madeiras zweitgrößte Hotelsiedlung ein ruhiges Pflaster – ein mehrheitlich deutschsprachiges Publikum genießt hier herrliche Felsbadeanlagen und den Kiesstrand. Es folgen an der Küste die historischen Kleinstädte Santa Cruz und Machico. Denkmäler, Kirchen und Kapellen erinnern noch an die Ära der Entdeckungsfahrer im 15. Jh.

Karg, fast wüstenhaft präsentiert sich die Halbinsel São Lourenço. Ihre bizarren Küstenfelsen im äußersten Osten erschließen sich nur Wanderern und Bootsausflüglern. Mit zunehmender Höhe wird die Landschaft wunderbar grün. Auf etwa 500 bis 700 m liegen Golfplätze sowie die Orte Camacha und Santo da Serra. Dorthin zogen sich früher englische Weinhändler in ihre Sommervillen zurück. Rebfelder und Zuckerrohrplantagen umgeben weiter im Norden das sympathische alte Fischer- und Winzerdorf Porto da Cruz.

Regen und Wind haben die **Nordküste** geformt, diesen wohl landschaftlich schönsten Teil Madeiras. Fast in jedem Ort finden sich Unterkünfte für Individualisten, die die ländliche Beschaulichkeit zu schätzen wissen. Santana ist der bevorzugte Standort der Wanderer auf dem Weg zum Pico Ruivo (1862 m), dem höchsten Berg der Insel, oder zum Lorbeerdschungel von Queimadas. Ehrwürdige Weingüter prägen Arco de São Jorge und Boaventura.

Malerisch in einem engen Tal liegt die Kleinstadt São Vicente. Deren Umgebung bietet mit Lavahöhlen, abenteuerlichen Levadas (Bewässerungskanälen) und dem Tal Chão da Ribeira, das in der Werbung gern mit der Schweiz verglichen wird, viel Entdeckenswertes. Der Fischerort Porto Mo-

Die Wanderung zum Gipfel des Pico Ruivo verspricht besondere Natureindrücke

niz erweist sich aufgrund seiner berühmten Brandungspools als unschlagbarer Besuchermagnet.

Das lebendige Zentrum des **Westens,** Ribeira Brava, und das benachbarte Ponta do Sol mit seinen mediterranen Treppengassen wetteifern um die Gunst der Tagesbesucher und Wanderurlauber. Auch Calheta mit seinem Jachthafen und dem künstlich angelegten, goldgelben Sandstrand – eine Ausnahme auf Madeira – sowie das blumenreiche Bergdorf Prazeres eignen sich gut als Standorte für Wanderer und Naturtouristen. Weiter westlich wird es sehr ursprünglich. Noch ist die Tunnel-Schnellstraße, die Madeira ansonsten fast komplett umspannt, nicht bis in die vom Wind gepeitschten Dörfer Ponta do Pargo und Achadas da Cruz vorgedrungen. Einsamkeit prägt auch die Hochebene Paúl da Serra, die an schottische Moorgebiete erinnert, und die von Levadas durchzogenen Heide- und Lorbeerwälder von Rabaçal.

Die kleine Nachbarinsel **Porto Santo** ist sportlich stark im Kommen: Golfen, Reiten, Tennis und Wellnessanwendungen mit Meerwasser oder dem warmen Sand des kilometerlangen Strandes versprechen Entspannung in ruhiger Atmosphäre. Überwiegend jedoch wird Porto Santo von Tagesausflüglern besucht, die eine zweistündige Fährüberfahrt nicht scheuen und den Aufenthalt mit einer Inselrundfahrt, Baden, Radfahren und Wandern gestalten können.

KLIMA & REISEZEIT

Fast sprichwörtlich ist das ganzjährig milde, frühlingshafte Klima von Madeira. Wärme und Sonne verwöhnen vor allem die Südküste Madeiras und Porto Santo.

Im raueren Norden kann es leicht ein paar Grad kälter sein. Auch im Gebirge wird es spürbar frischer, zudem nehmen die Temperaturunterschiede zwischen Winter und Sommer wie auch zwischen Tag und Nacht zu. Schon in 700 m Höhe beträgt die Durchschnittstemperatur im August nur 14 °C und im Februar gerade noch kalte 5 °C. In den Bergregionen friert es im Winter nachts sogar, und die Gipfel tragen hin und wieder für einige Tage eine Schneedecke.

Januar bis März sind die kältesten Monate, doch auch dann wird es an der Südküste nachts selten kälter als

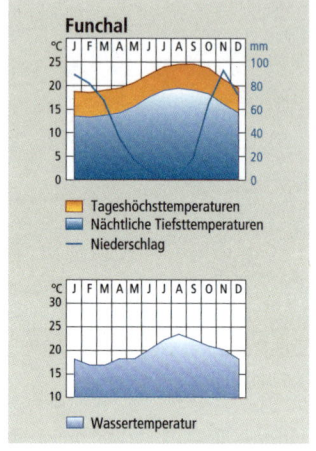

14 °C, und tagsüber steigen die Temperaturen auf über 18 °C. Das Meerwasser ist mit 15 bis 17 °C im Winter zum Baden allerdings ziemlich frisch.

Die Lufttemperatur erreicht im Sommer selten mehr als 25 °C. Nur wenn von Afrika, sprich aus Richtung Südosten der heiße Leste weht, steigen die Temperaturen auf über 30 °C. Hingegen herrschen im Winter an Leste-Ta-

---

💬 **WANN WOHIN?**

Reisezeit ist eigentlich immer auf Madeira, wer allerdings im Meer baden möchte, sollte den Aufenthalt zwischen Mai und Oktober buchen. Zum Wandern im Gebirge eignen sich ebenfalls eher die Sommermonate. Ein Highlight im Festkalender ist das berühmte Silvesterfeuerwerk, wobei schon in der Weihnachtszeit ein Aufenthalt in Funchal ein Vergnügen ist, wenn die Stadt mit Lichterketten fantasievoll-bunt beleuchtet ist und man angesichts des milden Klimas durch die Straßen schlendern kann. Auch den Karneval feiern die Bewohner der Hauptstadt besonders lebhaft. Zum Blumenfest, meist zwei Wochen nach Ostern, sind alle Hotels der Insel ausgebucht. Schön ist es auch, im September das Weinfest mitzuerleben.

gen Idealbedingungen für Ausflüge in die dann wolkenfreie Bergwelt. Die Wassertemperatur erreicht im September mit 23 °C ihren höchsten Wert.

Zwischen Juni und September regnet es auf Madeira selten. Während der übrigen Monate wechselt die Wetterlage häufig. In diese Zeit fallen die meisten Regentage (in Funchal im Mittel 55 Tage im Jahr, etwa 650 mm Niederschlag). Die höchsten Regenmengen verzeichnen Madeiras Nordküste (ca. 1500 mm) und die Gebirgszone (bis 3000 mm). Weitaus trockener ist es auf Porto Santo, dort beträgt die Regenmenge im Mittel nur 350 mm im Jahr.

ANREISE

MIT DEM FLUGZEUG

Nonstopflüge (Flugzeit ca. 4 Std.) oder Direktflüge (mit Zwischenlandung) bieten ab verschiedenen Flughäfen in Deutschland, Österreich und der Schweiz z. B. Eurowings (www.eurowings.com), Condor (www.condor.com), TUIfly (www.tuifly.com) und Germania (www.flygermania.com) an. Die Kosten für Hin- und Rückflug liegen zwischen 200 und 900 €. 300 bis 1100 € kommt ein Flug mit TAP Portugal (www.flytap.com) ab Frankfurt/M., Düsseldorf, Hamburg, München, Wien oder Zürich, der mit Umsteigen in Lissabon verbunden ist. Porto Santo wird 1–4 × pro Woche ab Lissabon von TAP Portugal sowie im Sommer 1 × pro Woche ab Düsseldorf von Germania angeflogen. Pauschalangebote von Reiseveranstaltern schließen Flug, Unterkunft, Transfer bzw. Mietwagen ein. Eine Woche Madeira im 4-Sterne-Hotel (Doppelzimmer mit Frühstück) gibt es ab ca. 500 €/Person.

MIT DEM SCHIFF

Seit 2018 verkehrt wieder eine Autofähre von Portimão (Algarve) nach Funchal und weiter nach Gran Canaria (www.madeira-ferry.pt, 1 × pro Woche, nur Juli–Sept., Portimão–Funchal einfach 85 €, Pkw 125 €).

REISEN IN DER REGION

ZUR NACHBARINSEL PORTO SANTO

Flugverbindungen von Madeira (Funchal) nach Porto Santo bestehen 2 × tgl. mit Binter Canarias (www.bintercanarias.com, Flugzeit 15 Min., hin/zurück 80–140 €). Eine Autofähre der Porto Santo Line (Tel. 291 210 300, www.portosantoline.pt) verkehrt 1–2 × tgl. (im Winter nicht Di, keine Fahrten im Jan.) von Funchal nach Porto Santo (Überfahrt gut 2 Std., 2. Klasse hin und zurück je nach Saison 47–58 €).

Taxis sind gelb mit blauen Streifen

UNTERWEGS AUF MADEIRA UND PORTO SANTO

Linienbusse: Vier Gesellschaften teilen sich auf Madeira das Streckennetz, Knotenpunkt ist Funchal. **SAM**-Busse (www.sam.pt) verkehren zum Flughafen sowie in den Osten um Machico, **EACL** (www.eacl.pt) nach Caniço. Das **CCSG**-Netz (www.horariosdofunchal.pt) umfasst die höher gelegenen Teile des Ostens, das Nonnental sowie den Norden zwischen Porto da Cruz und Boaventura. Die Strecken im Westen Madeiras deckt dagegen **Rodoeste** (www.rodoeste.pt) ab. Mit zunehmender Entfernung von Funchal verkehren weniger Busse und oft zu für Touristen ungünstigen Zeiten. Fahrpläne sind im Internet aufgeführt, in Tourismusbüros und Hotels zu erfahren und hängen an Haltestellen aus.

Auf Porto Santo verbinden Busse von **Moinho** (Tel. 291 982 141) alle Orte sowie Hafen und Flughafen mehrmals täglich mit Vila Baleira.

Mietwagen: Die Palette an Mietwagen (ab ca. 45 € pro Tag bzw. 200 € pro Woche inkl. Vollkaskoversicherung und freier Kilometerzahl) ist sehr umfangreich. Voraussetzung für die Buchung eines Mietwagens: Führerschein seit mindestens einem Jahr, Mindestalter des Fahrers meist 23 Jahre, jüngere Fahrer z. T. mit Zuzahlung, Vorlage einer Kreditkarte bzw. Hinterlegung einer Kaution. Den Mietwagen über ein Reisebüro oder das Internet zu buchen kann günstig sein. Auch im Ankunftsbereich der Flughäfen, im Umkreis der Hotels von Funchal und Caniço de Baixo gibt es Büros der Mietwagenfirmen. Die **Benzinpreise** liegen etwas über deutschem Niveau.

Motorräder: Gründlich gewartete Maschinen (BMW) vermietet etwa das Unternehmen Magosbike in Caniço de Baixo (Tel. 291 934 818, www.magoscar.com, ab 75 € pro Tag je nach Mietdauer, deutschsprachig).

Taxis: Fahrten per Taxi sind auf Madeira noch etwas günstiger als in Mitteleuropa. Um die Preise transparenter zu machen, wurde der **Táxi Voucher** eingeführt, der online (www.aitram.pt) oder an verschiedenen Verkaufsstellen, u. a. am Flughafen, zu bekommen ist. 57 verschiedene Strecken stehen zur Verfügung, darunter auch unterschiedlich lange touristische Ausflüge. Preisbeispiele: Ein Ausflug ab Funchal nach Câmara de Lobos/Cabo Girão/Pico dos Barcelos (über Eira do Serrado oder Monte) für bis zu 4 Pers. kostet 80 €.

SPORT & AKTIVITÄTEN

Unter den Möglichkeiten, sich auf Madeira sportlich zu betätigen, steht an erster Stelle das Wandern. Im Trend liegen auch Mountainbiking und Canyoning. Eine Badeinsel ist Madeira eher nicht, sie bietet aber gute Bedingungen zum Tauchen und Wellenreiten. Bootstouren mit Aussicht auf Walbeobachtung und Golf ergänzen das Angebot.

BADEN

Man denkt bei Madeira nicht zuerst an Baden. Viele Strände sind klein und im Winter mit grobem, dunklem Kies bedeckt. Im Sommer, wenn das Wasser ruhiger ist, gibt es ein paar sandige Flecken, vor allem an der **Prainha** bei Caniçal. Andernorts werden in der Badesaison (Juni bis Sept.) Holzplanken ausgelegt, um das Sonnenbaden bequemer zu gestalten. **Calheta** und **Machico** besitzen mit hellem Sand aus Marokko aufgeschüttete Strandbuchten, Molen schützen vor hohem Seegang.

Im Norden der Insel beschränken sich die Badegelegenheiten auf natürliche Felsenpools oder Lagunen an den Flussmündungen. Das schönste unter diesen Meerwasserschwimmbecken befindet sich in **Porto Moniz**. Auch an der Südküste, speziell in Funchal und Caniço de Baixo, ersetzen Felsbadeanlagen mit Pools, Treppen und Badeleitern oft die fehlenden Strände.

Als Badeinsel präsentiert sich **Porto Santo** mit seinem 9 km langen, goldgelben, weithin noch naturbelassenen Sandstrand. Dieser ist flach abfallend und zum Baden gut geeignet. Dem Sand werden zudem heilende Kräfte zugesprochen.

GOLF

Drei landschaftlich sehr reizvolle und anspruchsvolle Anlagen haben Madeiras Ruf als Golferdestination mit Tradition begründet. Greenfee-Gäste sind überall willkommen.

Hohe Anforderungen stellt der an einem Berghang oberhalb von Funchal gelegene 18-Loch-Platz **Palheiro Golf** (Tel. 291 792 120, www.palheirogolf.com). Der besondere Reiz sind die Höhenunterschiede und das Panorama.

Auch Madeiras zweiter, seit 1937 bestehender und inzwischen auf 27 Löcher erweiterter Platz bietet grandiose Ausblicke auf den Atlantik. Der Betreiber ist der **Clube de Golf Santo da Serra** (Tel. 291 550 100, www.santodaserragolf.com).

Auf der Nachbarinsel gibt es mit **Porto Santo Golfe** einen weiteren 18-Loch-Platz (Tel. 291 983 778, www.portosantogolfe.com).

RADFAHREN

Auf Madeira sind die Höhenunterschiede auf engstem Raum enorm und die Straßenverhältnisse recht unübersichtlich. Bikern wird also einiges an Kondition und Sicherheit auf dem Rad abverlangt. Geführte Touren unterschiedlicher Schwierigkeitsgrade mit Mountainbikes

SPANNENDE BOOTSTOUREN

- Die nachgebaute Kolumbus-Kara-velle **Santa Maria de Colombo** sticht zweimal täglich für 3 Std. von Funchal E5 aus in See (Tel. 291 225 695, www.santama riadecolombo.com).
- Die schönen Motorsegler **Gavião** (Tel. 291 241 124, www.gaviaoma deira.blogspot.de) und **Ventura do Mar** (Tel. 291 280 033, www. venturadomar.com) nehmen ab Funchal E5 Kurs auf Küstenge-biete, in denen Seevögel und Meeressäuger zu beobachten sind, oder zu den Desertas.
- Die rasante Variante ist ein Törn ab Funchal E5 auf einem der drei Segel-Katamarane **Sea Pleasure, Sea The Best** und **Sea Nature** (Tel. 291 224 900, www. madeiracatamaran.com).
- Sanfte Wal- und Delfinbeobach-tung bietet **Rota dos Cetáceos** mit Sichtungsgarantie und Fahr-spaß im Zodiac (Funchal E5, Tel. 291 280 600, www.rota-dos-cetaceos.pt).
- Der Traditionssegler **Bonita da Madeira** läuft ab Funchal E5 zur Wal- und Delfinbeobachtung oder Törns zu den Desertas aus (Tel. 291 762 218, www.bonita-da-madeira.com).
- Das Traditionsfischerboot **Ribeira Brava** B4 mit Platz für 16 Pas-sagiere (Tel. 291 827 163, www.lo bosonda.com) legt in Calheta zum Whalewatching (2,5–3 Std.) ab.

oder Rennrädern sowie Fahrrad-vermietung bieten verschiedene Firmen in Funchal, Caniço de Baixo und Prazeres an, z. B.:

Madeira Bergziegen F5
- Hotel Four Views Oasis
  Caniço de Baixo | Tel. 917 244 446
  www.madeira-bergziegen.de

Albano Aktiv F5
- Caminho Cais da Oliveira
  Caniço de Baixo | Tel. 291 099 460
  www.bikestation-madeira.com

Die flachere Nachbarinsel Porto Santo bietet weniger schweißtrei-benden Fahrspaß. Ein 8 km langer Radweg verläuft parallel zum schö-nen Sandstrand vom Hafen über die Hauptstadt Vila Baleira bis zur Pon-ta da Calheta. Mountainbikes ver-mietet:

Colombo H1
- Av. Vieira de Castro 64 | Vila Baleira
  Tel. 291 984 438
  www.aacolombo.com

REITEN

Auf Madeira gibt es mehrere Reit-ställe, einer davon wendet sich mit geführten Ausritten ausdrücklich an Touristen. Auch auf Porto Santo besteht Reitgelegenheit:

Quinta do Riacho F4
- Santo da Serra | Tel. 967 010 015
  www.quintadoriacho.com

Centro Hípico do Porto Santo G2
- Ponta | Quinta dos Profetas
  Tel. 291 983 258

TAUCHEN

Madeira gilt als außerordentlich interessantes Tauchrevier. Die Unterwasserfauna ähnelt der des Mittelmeers, weist aber eine sehr viel größere Vielfalt auf und enthält überdies manches tropische Element. Deutschsprachige Basen mit Schulung und Verleih sind:

Madeira Divepoint 📖 E5
• Hotel Pestana Carlton Madeira
Funchal | Tel. 291 239 579
www.madeiradivepoint.de

Scuba Madeira 📖 E5
• Hotel Pestana Palms | Funchal
Tel. 965 011 126
www.scuba-madeira.com

Atalaia Diving Center 📖 F5
• Lido Rocamar | Caniço de Baixo
Tel. 291 934 330
www.atalaia-madeira.com

Manta Diving Center 📖 F5
• Lido Galomar | Caniço de Baixo
Tel. 291 935 588
www.mantadiving.com

Madeira Diving Center 📖 F5
Praia dos Reis Magos
Caniço de Baixo | Tel. 917 842 851
www.madeiradivingcenter.com

TRENDSPORTARTEN

Ganz groß im Kommen sind auf Madeira das **Canyoning** (»Schluchtenwandern« in Verbindung mit »Abseiling«) und seine Küstenvariante, das **Coasteering**. Bei den Wassersportarten rücken **Wellenreiten** und **SUP** (Stand Up Paddling) immer weiter nach vorn. Die Vermittlung für diese und andere Sportarten übernehmen:

LokoLoko Madeira 📖 F5
• Rua Francisco Santana
(am Hotel Galosol) | Caniço de Baixo
Tel. 291 93 91 91
www.lokolokomadeira.com

RMK Tours 📖 B4
• Avenida D. Manuel I. 8
Calheta | Tel. 291 14 89 90
www.madeira-rmktours.com

WANDERN

Alte, teils abenteuerliche Verbindungswege zwischen Berg- oder Küstenorten, Levadawege entlang der Bewässerungsrinnen und einsame Bergpfade der Ziegenhirten erschließen fast jeden Winkel der Insel. Sie bietet von grünen Tälern über schroffe Berggipfel bis hin zu steppenhaften Landstrichen eine unglaubliche Vielfalt. Rund 20 offizielle Wanderwege sind auf Madeira und Porto Santo ausgeschildert und markiert. Infos dazu, auch über eventuelle aktuelle Wegsperrungen, unter www.visitmadeira.pt. Festes Schuhwerk, Regenschutz, warme Kleidung und Taschenlampe gehören ins Gepäck.

Geführte Touren mit Abholung am Hotel bieten u. a. Albano Aktiv › S. 28 und:

Lido Tours 📖 E5
• C.C. Monumental Lido
Estrada Monumental 284
Funchal | Tel. 291 635 505
www.lido-tours.com

💬 MADEIRA PERSÖNLICH

Letzte Handgriffe, bevor die bunte Parade der Festa da Flor in Funchal startet

Inselpräsident Miguel Albuquerque ist nicht nur Politiker, Rechtsanwalt und Schriftsteller, sondern auch ein engagierter Fan der Gartengestaltung. So legte der Rosenkenner in Arco de São Jorge ein Rosarium an und verfasste sogar ein Buch zu dem Thema. Auch in der Quinta Jardins do Imperador hat er dafür gesorgt, dass der Garten, in dem der österreichische Kaiser Karl von Habsburg seine letzten Tage verbrachte, mit Rosen aufgewertet wurde. Jetzt verfolgt Albuquerque ein neues Projekt. In der Quinta Magnólia in Funchal soll ein Gedächtnisgarten für die einheimische Kinderbuchautorin Maria do Carmo Rodrigues entstehen. »Ich selbst werde diesen Garten entwerfen«, vertraute der Politiker der Tageszeitung Diário de Notícias an. Was Madeira für ihn ausmacht? Beim Blumenfest zeige sich die Insel »von ihrer besten Seite«. Doch er sieht kulturellen Nachholbedarf. Zwar sei man, was Musik betrifft, schon sehr gut aufgestellt. Aber »bei der bildenden Kunst gilt es eine Lücke zu füllen. Wir müssen unbedingt öffentliche Foren für Malerei und Bildhauerei schaffen.«

Derweil gibt es private künstlerische Initiativen. Ricardo Jorge hat 2017 sein Atelier im Marina Shopping Center in Funchal eröffnet. Dort stellt er seine großformatigen Ölbilder aus, die Strelitzien oder

Lorbeerbäume zeigen. »Ich möchte dieser Galerie Kontinuität geben, mit Liebe und Sorgfalt für die Kunst, die ein Teil meines Lebens ist«, meint er voller Stolz. Um über die Runden zu kommen, verkauft er kleinere, bei Touristen als Mitbringsel beliebte Bilder auf einem Kunsthandwerkermarkt am Hafen.

Apropos Touristen. Was sagen die Madeirenser zu den zahlreichen und immer mehr werdenden Besuchern? Nach wie vor stehen die meisten diesem Phänomen sehr positiv gegenüber. So wurden etwa die Schäden nach den Waldbränden von 2016 mit vereinten Kräften so schnell wie möglich beseitigt. Womit wir wieder beim Zusammenhalt wären. Letztlich profitieren alle irgendwie vom Tourismus. Beispielsweise kommen Winzer mit der Produktion von Tafelwein kaum nach. Nun konnte »Terras do Avô«, eine kleine Weinkellerei aus Seixal, sogar den ersten madeirensischen Sekt auf den Markt bringen. »Sie glauben nicht, dass wir einen guten Schaumwein haben? Dann nichts wie probieren«, schlägt Sofia Caldeira vor, die den Familienbetrieb gemeinsam mit ihrem Vater führt und inzwischen eine Auszeichnung nach der anderen auf internationalen Wettbewerben abräumt.

Blumen und Gärten:
- **Festa da Flor** > S. 50: Blumenfest in Funchal, das wichtigste Event in Madeiras Festkalender
- **Quinta Magnólia** > S. 76: Ab 2019 voraussichtlich mit dem von Miguel Albuquerque angelegten Garten

Ricardo Jorge und seine Kunst:
- **Marina Mall Art Gallery:** Avenida Arriaga, Local 213, 9000-060 Funchal
- **Feira de Artesanato:** Kunsthandwerkermarkt an der Hafenpromenade oberhalb der Marina von Funchal, unregelmäßig

Heiße Tipps für Tischweine von Madeira:
- **Terras do Avô:** Sítio do Lombinho, 9270-125 Seixal, www.facebook.com/terras.avo, Proben nur für Gruppen ab 10 Pers. (in manchen Inselausflügen inkludiert)
- **Porto de Abrigo:** Avenida Marcos Rosa, 9240-018 São Vicente, Tel. 065 019 587, tgl. 9–2 Uhr; Weinbar in einem alten Handelshaus an der Uferstraße, wo für Einzelreisende die Möglichkeit besteht, Weine von Terras do Avô zu probieren; außerdem werden Wein und Sekt von Terras do Avô überall auf der Insel in guten Restaurants und Weinhandlungen angeboten.
- **Made in Madeira:** Rua Dr. Brito Câmara 3, 9000-029 Funchal, tgl. 10–20 Uhr (Probe mit dem Weißwein Barbusano und Crostini 7,50 €)

Rosen in der Quinta Jardins do Imperador

UNTERKUNFT

Etwa 34 000 Gästebetten gibt es auf Madeira. Die meisten befinden sich in den Hotels der Inselhauptstadt Funchal und des Ferienorts Caniço de Baixo. Doch der ländliche Tourismus holt auf, inzwischen hat er schon einen Anteil von etwa einem Viertel erreicht.

Während es in Funchals Hotelviertel westlich der Innenstadt bunt und international zugeht, buchen im ruhigen Caniço de Baixo überwiegend deutschsprachige Touristen. Auf Porto Santo urlauben traditionell vor allem die Madeirenser selbst, inzwischen werden jedoch einige Hotels auch von deutschen Veranstaltern angeboten. Generell lässt sich sagen, dass auf Madeira in fast jedem Ort ein bis zwei Unterkünfte zu finden sind.

Frühzeitige Buchung ist zu empfehlen, denn vor allem in den Hauptreisezeiten – Weihnachten, Ostern, Blumenfest und Sommerferien – riskiert man sonst, nicht sein Wunschquartier zu bekommen. Auch bei einer Rundreise ist es keinesfalls angeraten, auf gut Glück loszufahren. Gerade in kleineren Inselorten sind die wenigen Zimmer mitunter frühzeitig ausgebucht.

Hotelangebote der Reiseveranstalter und individuelle Buchungen liegen vom Preis her ähnlich.

HOTELS, APARTMENTS, PENSIONEN

Die portugiesische **Hotelklassifizierung** reicht von einem Stern bis zu fünf Sternen. Einfache Hotels der 1- und 2-Sterne-Kategorie sind meist aus Pensionen hervorgegangen, die es als eigenständige Kategorie seit einigen Jahren nicht mehr gibt. Das Gros des Angebots machen 3- und 4-Sterne-Mittelklassehotels aus. Deutsche Reiseveranstalter haben in der Regel nur die komfortableren Hotels dieser Kategorien im Programm. Die 5-Sterne-Hotels orientieren sich an den gehobenen Ansprüchen einer internationalen Klientel.

Manche Hotels verfügen auch über **Studios** (mit kombiniertem Wohn-/Schlafraum und Küchenzeile) oder **Apartments** (mit einem oder zwei separaten Schlafzimmern), in denen Selbstversorgung möglich ist. Reine Apartmentanlagen ohne Hotelservice gibt es kaum.

Das Weingut Quinta das Vinhas

LANDHOTELS, FERIENHÄUSER, FERIENWOHNUNGEN

In vielen Inselorten wurden ehemals herrschaftliche Gutshäuser (Quintas) in ansprechende Landhaushotels verwandelt, die einen mit rustikalem Charakter, andere durchaus interessant gestylt.

Wer lieber unabhängig reist, wird sich in restaurierten **Bauernhäusern** wohlfühlen, zu finden im Programm anspruchsvoller Reiseveranstalter oder bei **Madeira Rural** (Ankunftshalle des Flughafens von Madeira, Tel. 291 520 868, www.madeirarural.com).

Auch von Privatleuten vermietete **Ferienwohnungen,** vereinzelt auch **Zimmer**, gibt es. Die Unterkünfte firmieren, sofern sie offiziell registriert sind, unter der Bezeichnung *Alojamento local* (AL).

HOSTELS, JUGENDHERBERGEN UND CAMPING

Hostels findet man in Funchal mit **Phil's Haven** (www.phils-haven.com) und **Santa Maria** (www.santamariafunchal.com), in Machico mit dem **EcoDesign GuestHouse**. Infos über Jugendherbergen: www.madeira.gov.pt/drjd.

Einen gut ausgestatteten Campingplatz bietet **Ribeira da Janela** (bei Porto Moniz). Für das Zelten auf 15 Waldgeländen in den Bergen und auf der Ponta de São Lourenço benötigt man eine Genehmigung (http://ifcn.madeira.gov.pt/atividades-de-natureza/acampamentos). **Porto Santo** besitzt einen Campingplatz am Strand von Vila Baleira (nur im Hochsommer!).

CHARMANT ÜBERNACHTEN

- Kleine Reihenhäuser stehen im weitläufigen Park der **Quinta Santo António da Serra** zur Vermietung, ganz zentral und doch abgeschieden im gleichnamigen Ort > S. 100.

- Inmitten eigener Weinberge liegt im sonnigsten Winkel von Santana die **Quinta do Furão,** heute ein rustikales 4-Sterne-Hotel mit Spezialitätenrestaurant > S. 114.

- Ein üppiger Garten umgibt die individuell eingerichteten ehemaligen Landarbeiterhäuser der **Quinta do Arco** in Arco de São Jorge > S. 117.

- In Boaventura, einem der ursprünglichsten Orte Madeiras, logieren heute Hotelgäste im Herrenhaus eines früheren Großgrundbesitzes, dem **Solar de Boaventura** > S. 117.

- Ein schönes Quartier nicht nur für Wanderer ist das Landhotel **Atrio** am Waldrand oberhalb von Estreito da Calheta > S. 131.

- Das Weingut **Quinta das Vinhas** bei Calheta produziert edle Tropfen und empfängt Übernachtungsgäste im schmucken Haupthaus sowie in Ferienhäusern nebenan > S. 131.

- Im Norden von Porto Santo lädt die **Quinta do Serrado** mit viel Atmosphäre, tollem Atlantikblick und schönem Garten zu einem geruhsamen Aufenthalt ein > S. 142.

Auf dem Mercado dos Lavradores in Funchal

LAND & LEUTE

STECKBRIEF

- **Fläche:**
  Madeira: 741 km², Porto
  Santo: 43 km², Ilhas
  Desertas 14 km²
- **Hauptstadt:** Funchal
  (112 000 Einw.)
- **Bevölkerung:** 268 000
  Einw., davon 5500 auf Porto Santo;
  354 Einw./km²
- **Konfession:** mehrheitlich römisch-katholisch
- **Sprache:** Portugiesisch
- **Touristen:** 1,2 Mio. (2017)
- **Gästebetten:** 26 000

- **Landesvorwahl:** 00 351
- **Zeitzone:** MEZ minus 1 Std. (ganzjährig)

LAGE

Madeira ist die mit Abstand größte Insel des gleichnamigen Archipels. Etwa 50 km nordöstlich liegt Porto Santo. Die drei winzigen Ilhas Desertas im Südosten sind unbesiedelt und stehen unter Naturschutz. Vom europäischen Festland sind die Inseln 900 km entfernt, von Marokko 600 km. Mit 33° Nord liegen sie etwa auf derselben Breite wie Casablanca und zählen geografisch zu Afrika. Höchste Erhebung ist der Pico Ruivo (1862 m), auf Porto Santo erreicht der Pico do Facho 517 m.

POLITIK UND VERWALTUNG

Madeira bildet innerhalb Portugals eine Autonome Region mit einem eigenen Präsidenten und Parlament. Relativ selbstständig ist es in wirtschaftlichen, sozialen und kulturellen Belangen. Hingegen werden Außenpolitik, innere Sicherheit, Justiz und Finanzen von Lissabon geregelt. Als Symbol der Inselautonomie zeigt Madeira gerne Flagge: ein rotes Kreuz auf blau-weißem Grund.

WIRTSCHAFT

Wichtigster Zweig der Landwirtschaft ist der Weinbau. Der Madeirawein › S. 56 konkurriert mit Portwein und Sherry. Daneben setzen die Winzer neuerdings auf leichtere Tafelweine. In den sonnigen, windgeschützten Tälern im Süden Madeiras dehnen sich Bananenplantagen aus. Ihrer Versorgung dienen die berühmten Bewässerungskanäle (Levadas), deren Netz insgesamt über 2000 km lang ist. Fortgesetzte Subventionen aus Brüssel halten den Bananenanbau am Leben, der sich zuletzt stabilisieren konnte. Zuckerrohr hatte der Insel einst zu Reichtum verholfen. Heute wogt es nur noch auf verhältnismäßig wenigen Feldern, seit dem Jahr 2000 wieder mit steigender Tendenz. In Funchal, Porto da Cruz und Calheta produzieren drei kleine Fabriken Zuckerrohrschnaps *(aguardente de cana)*, Rum und Zuckersirup *(mel)*. Sonst gibt es kaum Industrie, abgesehen von mehreren Stickereimanufakturen und einigen kleinen Betrieben in der Freihandelszone von Caniçal, die vorwiegend Textilien herstellen. Der Fischfang ist unbedeutend, ebenso wie die einst florierende Korbmacherei. Ca. 24 % trägt der Tourismus zum Bruttoinlandsprodukt bei. Seit den 1980er-Jahren erfolgte ein gemäßigter Ausbau der touristischen Infrastruktur.

BEVÖLKERUNG

Über 90 % der Bevölkerung Madeiras leben an der klimatisch begünstigten Südküste. In der Umgebung von Funchal blieb kaum ein Stück Land unbebaut. Höhenlagen ab 500 m sind jedoch fast menschenleer, zu oft liegen sie in Wolken verhüllt. Auch der rauere Inselnorden war stets weniger attraktiv für Siedler. Im 15. Jh. trafen die portugiesischen Entdeckungsfahrer Madeira unbewohnt an. Die Finanziers der Expedition teilten das Land unter sich auf. Zur Bewirtschaftung der Güter brachten sie Sklaven aus Nordafrika und von den Kanaren auf die Insel. Später zerstückelten sie die Ländereien und verpachteten Parzellen an mittellose Einwanderer aus Portugal. Als die Sklaven im 16. Jh. ihre Freiheit erlangten, blieben viele auf Madeira.

Kinderreichtum angesichts zu geringer Erwerbsquellen veranlasste viele Familien im 19. Jh. nach Brasilien, im 20. Jh. noch bis in die 60er-Jahre nach Venezuela und Südafrika auszuwandern. Nur wenige kehrten zurück. Seit Ende des 20. Jhs. fiel die Geburtenrate auf Madeira drastisch. Die Emigration kam zum Stillstand, setzte aber zuletzt – durch die wirtschaftliche Krise in Portugal bedingt – wieder ein.

Große Bedeutung für die wirtschaftliche Entwicklung hatten von jeher ausländische Minderheiten. Um 1500 ließen sich zahlreiche Zuckerhändler aus Italien und Flandern in Funchal nieder und heirateten in den einheimischen Adel ein. Später engagierten sich Hunderte englischer Familien im Weinbau. Heute kaufen sich Mittel- und Nordeuropäer in luxuriöse Resorts ein oder erstehen ein Haus auf dem Land, bevorzugt im sonnigen Südwesten der Insel.

Bananen werden im Süden angebaut

GESCHICHTE IM ÜBERBLICK

1351 Auf einer Florentiner Seekarte ist Madeira als *Isola di Legname* (ital.: Holzinsel) verzeichnet, auch der port. Name bedeutet Holz.

1418/19 João Gonçalves Zarco und Tristão Vaz Teixeira errichten auf Porto Santo und Madeira erste Stützpunkte Portugals.

1440–1450 Zarco und Vaz Teixeira verteilen das Land an Freunde und Verwandte, die beginnen, Zuckerrohr anzubauen. Die Kulturpflanze entwickelt sich zur Quelle immensen Reichtums.

1530 Wegen der starken Konkurrenz aus Brasilien und Mittelamerika wird der Zuckerrohranbau von Rebkulturen abgelöst.

1566 Französische Korsaren können Funchal fast widerstandslos einnehmen. Zwei Wochen lang plündern sie Kirchen, Klöster und Paläste. Mit einer Beute von unwiederbringlichem Wert gelingt ihnen die Flucht.

1580–1640 Portugal kommt zu Spanien und wird in den spanisch-englischen Konflikt hineingezogen. Madeiras Küsten sind den Überfällen englischer Korsaren fast ungeschützt ausgeliefert.

1703 Im Methuen-Vertrag werden die portugiesisch-englischen Handelsbeziehungen geregelt. Großbritannien, das Portugals Unabhängigkeitskrieg gegen Spanien unterstützt hatte, lässt sich zahlreiche Zugeständnisse machen. So gerät der Weinhandel auf Madeira völlig unter englische Kontrolle.

1807–1814 Während der Napoleonischen Kriege stationiert Großbritannien 2000 Soldaten auf Madeira. Viele bleiben nach Kriegsende auf der Insel, um sich dem einträglichen Weinexport zu widmen.

1872 Die aus Amerika eingeschleppte Reblaus vernichtet einen Großteil der Weinstöcke. Daraufhin verlassen die meisten Briten Madeira. Die wirtschaftliche Not zwingt einen Großteil der ländlichen Bevölkerung zur Emigration nach Brasilien.

1910 Ende der Monarchie in Portugal.

1916 Portugal beschlagnahmt auf Veranlassung Großbritanniens alle deutschen Besitzungen im Land. Ein deutsches U-Boot versenkt im Hafen von Funchal ein französisches Kriegsschiff.

1931 Auf Madeira kommt es zur Hungerrevolte, als die Großgrundbesitzer das Monopol auf Mehlimporte erhalten. Der Aufstand wird niedergeschlagen. Ein Jahr später übernimmt Salazar die Macht in Lissabon und verschafft sich diktatorische Befugnisse.

1947 Erste Linienflüge mit Wasserflugzeugen zwischen England, Portugal und Madeira.

1960 Auf Porto Santo wird der Flughafen eröffnet, vier Jahre später auch der auf Madeira.

1974 Die »Nelkenrevolution« in Portugal beendet die Diktatur.

1975 Errichtung einer parlamentarischen Demokratie in Portugal.

1976 Madeira wird Autonome Region innerhalb Portugals.
1986 Portugal tritt der EG bei.
2000 Die Landebahn des Flughafens Madeira wird vergrößert.
2006/2007 Das Silvesterfeuerwerk von Funchal kommt ins Guinnessbuch der Rekorde, verliert den Titel aber 2013/2014 wieder.
2010 Eine Hochwasserkatastrophe mit Stürmen, schweren Regenfällen und Erdrutschen im Februar fordert über 40 Menschenleben und richtet große Sachschäden an.
2017 Madeiras Flughafen wird nach dem berühmten Inselsohn und Weltfußballer in »Aeroporto Internacional da Madeira – Cristiano Ronaldo« umbenannt.
2019 Wiedereröffnung der renovierten Quinta Magnólia mit großem Park in Funchal.

NATUR & UMWELT

Der Archipel Madeira ist vulkanischen Ursprungs. Schollenbruchstücke des Atlantikbodens bilden seinen Sockel. Beginnend vor etwa 100 Millionen Jahren bauten sich die Inseln durch eine Serie von Eruptionen auf.

Heute ist die vulkanische Aktivität zur Ruhe gekommen. Seit der Besiedlung im 15. Jh. wurden keine Ausbrüche mehr registriert. Allerdings kam es noch vor rund 6000 Jahren zu kleineren Eruptionen. Einen zentralen Krater gab es nie. Vielmehr drang Lava an vielen Stellen der Inseln aus immer neu sich öffnenden Schloten. Deren Reste sind oft an Felsnadeln oder »Quellkuppen« aus dunklem, hartem Vulkangestein zu erkennen.

Mit drei Gipfeln, die 1800 m Höhe überschreiten, und etlichen nicht wesentlich niedrigeren Bergen ragt Madeira steil aus dem Atlantik. Flüsse und Bäche haben tiefe Schluchten in das Inselgebirge geschnitten. An den Küsten schuf die Brandung bizarre Kliffs. Ganz im Gegensatz dazu präsentiert sich Porto Santo flach mit einer Handvoll kleinerer Erhebungen, die noch deutlich als Vulkankegel zu erken-

Felsnadeln prägen das Bild der Küsten

Afrikanischer Tulpenbaum

nen sind. Madeira besitzt von Natur aus nur dunkle Kiesstrände an den engen Talausgängen. Porto Santo dagegen wartet mit einem 8 km langen, goldgelben Strand auf. Der Sand besteht vorwiegend aus den Kalkschalen von Meerestieren, die durch die Kraft der Wellen zerkleinert wurden und die der Wind landeinwärts zu Dünenfeldern aufgetürmt hat.

FLORA

An Madeiras milder Südküste gedeihen tropische und subtropische Pflanzen in Hülle und Fülle. Parkanlagen und Gärten, ja sogar Straßenränder faszinieren in ihrer Blütenpracht. Die meisten der Gewächse gehören nicht zur ursprünglichen Flora. Vielmehr brachten bereits die portugiesischen Entdeckungsfahrer botanische Novitäten aus Brasilien und Indien auf die Insel, und zwar mit dem Ziel, sie an kühlere Temperaturen zu gewöhnen und dann in den königlichen Gärten bei Lissabon zu kultivieren. Im 18./19. Jh. holten englische Weinhändler Zierpflanzen und Obstbäume aus aller Welt in ihre Privatparks. Saison für die exotischen Spezies ist eigentlich immer. Um die Jahreswende fallen die riesigen Büsche des Weihnachtssterns überall ins Auge. Kamelien beginnen noch in den Wintermonaten zu blühen. Ende April überzieht das zarte Lila der Jacaranda-Blüten die Alleen von Funchal. Die Ranken der Bougainvillea mit ihren violetten, roten oder gelben Scheinblüten überspannen Flussufer und Mauern. Das ganze Jahr über treibt der Afrikanische Tulpenbaum tiefrote Blütenkelche.

Im Sommer kennt Madeira im Gegensatz zu den Mittelmeerländern keine ausgesprochene Trockenzeit, allerdings lässt die Blüte ab Juli deutlich nach. Im Herbst erstrahlt dann der riesige Kapokbaum ganz in Violett und die baumförmige Aloe richtet ihre roten Blütenkerzen auf.

Ein gänzlich anderes Bild bietet das gebirgige, feuchtere und kühlere Inselinnere. Die duftenden Eukalyptuswälder, in denen im Herbst die Belladonna-Lilien zarte Farbakzente setzen, wie auch die im Frühjahr zartgelb schimmernden Akazienhaine (von den Einheimischen *Mimosa* genannt) sind Kulturpflanzungen.

Nur im Inselnorden dehnt sich noch der ursprüngliche Lorbeerwald aus. In diesem dichten, grünen Dschungel leuchten an lichteren Stellen Knabenkraut, Margerite, Storchschnabel und Fingerhut auf – Verwandte mitteleuropäischer Gewächse, die sich aber zu endemischen (nirgendwo sonst auf der Welt vorkommenden) Arten weiterentwickelt haben. Flechten hängen tropfnass von den Bäumen, Moose und Farne überwuchern jede freie Fläche am Boden. Auch hier hat der Mensch das Artenspektrum bereichert. Rhododendren und Azaleen zieren die Gartenanlagen, Agapanthus, die Schmucklilie mit ihren großen blauen oder weißen Blütenkugeln, sowie die prächtigen Hortensien säumen im Sommer die Straßen.

Auf den höchsten Gipfeln mit frostigen Nächten im Winter, aber oft recht hohen Sommertemperaturen herrschen extreme Bedingungen für die Pflanzenwelt. So ist die Flora derjenigen der Alpen nicht unähnlich. Eine Rarität ist das gelbe Madeira-Veilchen. Urweltlich muten die knorrigen Wälder aus Baumheide an, die im Frühjahr ein unscheinbar weißes Blütenkleid schmückt. Die Früchte der Madeira-Heidelbeere sollte man probieren. Dieser Strauch wird im Gegensatz zu unserer Heidelbeere einige Meter hoch.

FAUNA

Mit Erstaunen stellt man fest, wie wenige wild lebende Tiere man auf Madeira sieht. Bevor die ersten Siedler Haustiere mitbrachten und gewollt oder ungewollt Kaninchen, Igel und Mäuse einführten, mussten Tiere aus eigener Kraft den Atlantik überqueren. So bilden Vögel mit rund 200 Arten, von denen etwa 40 hier brüten, und Insekten mit etwa 700 Arten die größten Tiergruppen. › mehr S. 12 Punkt ❸ Auch Fledermäusen gelang vom Festland aus der Flug über das Meer.

Die Madeira-Mauereidechse setzte vielleicht unfreiwillig mit Treibgut auf die Insel über. Sie ist sehr verbreitet, im Gegensatz zum äußerst seltenen, wohl erst in jüngerer Zeit eingeführten Mauergecko.

Viele Vogelarten hat der Mensch durch Jagd und das Sammeln von Eiern dezimiert und im Fall des Madeira-Sturmvogels (*freira*) sogar an den Rand des Aussterbens gebracht. Heute stehen dessen Brutplätze auf unzugänglichen Felsspitzen im Gebirge unter strengem Schutz. Bessere Überlebenschancen hatten Greifvögel (Bussard, Falke) und die kleineren Vogelarten in den Heide- und Lorbeerwäldern, wie das häufige Madeira-Goldhähnchen und der Madeira-Buchfink. Dank wirksamer Schutzmaßnahmen ist die imposante, sehr scheue Silberhalstaube im Lorbeerwald wieder öfter zu sehen.

Viele der Insektenarten haben im Lauf der Zeit ihre Flugfähigkeit verloren und fallen daher kaum auf. Andere fielen der Landwirtschaft zum Opfer, denn auch hier werden Insektizide gesprüht. Recht selten sind Stechmücken und andere lästige Insekten.

Abgesehen vom Aal, der früher hin und wieder in Flussmündungen gesichtet wurde, gab es von Natur aus keine Süßwasserfische auf Madeira. Heute schwimmen eingesetzte Regenbogenforellen in Bächen und Levadas. Auch das Meer rund um die Inselgruppe ist nicht sonderlich fischreich. Am häufigsten wird der Schwarze Degenfisch gefangen, ein schmackhafter Tiefseebewohner, der sich auf allen Speisekarten findet. Der Rest der Fangmenge besteht vorwiegend aus Thunfisch.

Seit 1986 stehen in portugiesischen Hoheitsgewässern alle Meeressäuger unter Schutz, auch der Pottwal, dessen Fang auf Madeira 1982 eingestellt wurde, und die Mittelmeer-Mönchsrobbe, von der etwa 30 Exemplare bei den Ilhas Desertas leben. Ihr Bestand nimmt neuerdings wieder zu. Auch vor Madeira, wo sie einst ausgerottet wurden, tauchen jetzt wieder junge männliche Tiere auf. Naturschützer hoffen, die Mönchsrobbe an der Ponta de São Lourenço und an der Rocha do Navio (bei Santana) anzusiedeln.

UMWELT- UND NATURSCHUTZ

Der etwa 270 km² große, d. h. etwa ein Drittel der Insel umfassende **Parque Natural da Madeira** schützt große Teile des unbesiedelten Berglands, speziell die Lorbeerwälder und die Zone oberhalb 1300 m. Bis in jüngste Vergangenheit richteten Schafe und Ziegen in den Bergen große Schäden durch Verbiss an. Es fehlte die Vegetation, um das Regenwasser aufzufangen und in den Untergrund zu leiten. Oberflächlich floss es durch Bäche und Flüsse ins Meer, während die Grundwasserreserven abnahmen. Ende der 1990er-Jahre wurde dieses Problem mit Hilfe der EU durch den Bau von Wasserrückhaltebecken gelöst. Außerdem versucht die Naturparkverwaltung heute nicht nur die vorhandenen Urwälder umfassend zu schützen, sondern die Waldfläche durch Aufforstung zu erweitern. Auch konnte der Viehbestand deutlich reduziert werden. Als Folge davon erholt sich die Vegetation sichtlich.

Nach wie vor sind Waldbrände in der trockeneren Jahreszeit ein Problem. Entfacht werden sie häufig von Viehhirten, die Weideflächen abbrennen, um sie von Gebüsch freizuhalten. Ein altes Gesetz erlaubt diese Praxis, leider aber greift das Feuer regelmäßig auf Kiefern- oder Eukalyptusforste über. Vor allem gelangt die Feuerwehr in dem schroffen Gelände nur schwer an die Brandherde.

Außenposten des Naturparks sind mehrere Schutzgebiete (Reserva Natural) im Küstenbereich. Die Reserva Natural Ponta de São Lourenço, Madeiras trockene Ostspitze, trägt nicht nur eine interessante Steppenvegetation, sondern weist auch einzigartige geologische Formationen auf. Eine üppige, artenreiche Felsflora überwuchert die nach Norden ausgerichteten Steilhänge der **Reserva Natural Rocha do Navio** bei Santana. Von der Seilbahn aus ist sie gut zu sehen. Hier wie dort sind Seevögel zu beobachten, besonders aber auf den unbewohnten und ebenfalls als Reserva Natural ausgewiesenen **Ilhas Desertas** sowie auf den weiter südlich gelegenen **Ilhas Selvagens**. Beide Inselgruppen dürfen nur eingeschränkt betreten werden.

1999 erklärte die UNESCO Madeiras Lorbeerwald (als portugiesisches Lehnwort aus dem Lateinischen: *laurissilva*) zum Weltnaturerbe der Menschheit. Ähnliche, wenngleich weniger ausgedehnte Wälder existieren ansonsten nur auf den Kanaren. Beeindruckende Bestände von Laurissilva überziehen den Südabhang des **Larano-Massivs,** östlich von Portela. Dieser Bereich ist ein europäisches Schutzgebiet nach dem Programm **Natura**

🗨 EIN NETZ VON WASSERRINNEN

Levadas gehören zu den Charakteristika Madeiras. Rund 2000 km lang ist das Netz der schmalen Kanäle – all die kleinen Abzweigungen zu den Terrassenfeldern nicht mitgezählt –, durch die Quellwasser zu Bananen- und Zuckerrohrplantagen geleitet wird. Zwar sind ähnliche Bewässerungssysteme seit der Römerzeit in vielen Mittelmeerländern bekannt, doch nirgendwo wurden sie zu solcher Perfektion gebracht.

Die ersten, zunächst privaten Levadas entstanden im 15. Jh. aus hintereinander gelegten hohlen Baumstämmen. Sie waren gerade einige hundert Meter lang, denn für die wenigen Felder der Siedlerpioniere genügte das Wasser, das an der trockeneren Südseite Madeiras aus dem Fels sprudelte. Als die Großgrundbesitzer Mitte des 16. Jhs. zum Weinbau übergingen, verfielen die Rinnen. Für die Rebstöcke genügte, was an Regen fiel. Erst mit dem Aufschwung des Zuckerrohranbaus im 19. Jh. wurden abermals Levadas benötigt. Die Inselbevölkerung hatte sich mittlerweile verzehnfacht, also musste Wasser von der regenreicheren Nordseite herbeigeschafft werden. Über viele Kilometer hinweg wurden Levadas durch Täler und an Bergflanken entlang in den Fels gehauen und mit Pflastersteinen ausgekleidet. Der Bau der Rinnen war eine enorme Ingenieurleistung, aber auch ein hartes Los für diejenigen, die oft unter Lebensgefahr mit der Spitzhacke in den Steilwänden arbeiten mussten. Zwei Drittel der heutigen Levadas entstanden erst im 20. Jh. und der Weg in manches lange, schmale Tal wurde jetzt durch einen Levadatunnel abgekürzt.

Längst sind Levadas für die Landwirtschaft nicht mehr bedeutsam. Die bewässerte Fläche schrumpfte, nachdem sie 1990 ihren Höhepunkt erreicht hatte, auf die Hälfte. Ein Genuss aber sind die Rinnen für Wanderer, die an ihnen entlang steilste Hänge und bizarrste Schluchten bequem und ohne großes Gefälle durchmessen können.

2000, das auf die Erhaltung der Artenvielfalt zielt. Nach demselben Konzept stehen zehn weitere Gebiete auf Madeira unter Schutz, darunter ein Küstenstreifen bei Achadas da Cruz, wo der seltene Madeira-Blaustern *(Scilla maderensis)* wächst.

Außerdem wurden von Birdlife International acht Vogelschutzgebiete als Important Bird Areas (IBA) im Archipel Madeira definiert.

KUNST & KULTUR

ARCHITEKTUR

Gegensätze zwischen Arm und Reich haben bis in die jüngste Vergangenheit Madeiras Baukunst geprägt. Auf dem Land bildeten Herrensitze, *Quinta* oder *Solar* genannt, den Mittelpunkt von Zuckerrohrplantagen und Weingütern. Rundum wohnten die Landarbeiter und Pächter in winzigen, strohgedeckten Häusern, die aus kaum mehr als einem Raum bestanden. Viele wurden inzwischen durch größere Bauten ersetzt. Doch in eher abgelegenen Teilen der Insel, vor allem im Norden bei Santana und im Südwesten, sind einige dieser Casas de Colmo noch bewohnt.

Goldener Barockaltar in der Kathedrale von Funchal

Mit der Thronbesteigung König Manuels I. im Jahr 1497 kam in Portugal der spätgotische **manuelinische Stil** auf. Aufwendige, fantasievolle Ornamente mit Motiven aus der Seefahrt sind sein bestimmendes Merkmal. Der damalige Bauboom wurde durch die Erschließung der lukrativen Seewege nach Indien und Brasilien ausgelöst. Auch auf Madeira gab der König eine Reihe von Projekten in Auftrag. Die Kathedrale *(Sé)* von Funchal stammt aus dieser Zeit. Leider fielen fast alle anderen manuelinischen Gebäude der Stadt im Jahr 1748 einem Erdbeben zum Opfer.

Nach dieser Naturkatastrophe gelangte die Architektur auf Madeira ein weiteres Mal zu voller Blüte. Der **Barockstil** war in Europa in Mode und die portugiesische Oberschicht konnte ihm dank des reichlich in der Kolonie Brasilien geschürften Goldes üppig frönen. Dies kam vorwiegend den Kirchen zugute, die prachtvoll mit wandfüllenden Altären, aus Holz geschnitzt und mit Blattgold belegt *(talha dourada)*, ausgestattet wurden.

In Funchal zeugen barocke Stadtpaläste vom Reichtum des Adels und der Kaufmannschaft. Nach außen wirken sie durchaus schmucklos und gar abweisend. Im Inneren hingegen faszinieren schmucke Patios, umgeben von eleganten Galerien, die zu den prunkvoll ausgestalteten Räumlichkeiten führen.

MALEREI

Liebhaber der klassischen Malkunst kommen auf Madeira durchaus nicht zu kurz. Die Insel besitzt eine der vollständigsten Sammlungen flämischer Gemälde des 15. und 16. Jhs. Adlige und wohlhabende Zuckerhändler kauf-

---

💬 MÖBEL AUS ZUCKERKISTEN

Im Jahr 1508 verlieh König Manuel I. der Stadt Funchal ihr Wappen: fünf Zuckerhüte, angeordnet zu einem Kreuz. Madeira war zu dieser Zeit durch Zuckerrohr reich geworden und das Auskristallisieren von Zucker in kegelförmigen Tongefäßen gängige Praxis. Ein so wertvolles Gut wie die für den Export bestimmten Zuckerhüte erforderte sorgsamste Behandlung beim Transport. Dazu dienten zunächst Kisten aus einheimischen Hölzern, z. B. Madeira-Mahagoni, einem Verwandten des Avocadobaums. Ab der zweiten Hälfte des 16. Jhs. machte die Konkurrenz aus Brasilien den madeirensischen Zuckerproduzenten das Leben schwer. So sahen diese sich schließlich genötigt, selbst Zucker aus Brasilien einzuführen und diesen, als Madeira-Zucker deklariert, weiterzuexportieren. Auch aus Brasilien kam der Zucker in Holzkisten, diesmal aus echtem Mahagoni. Das bis dahin unbekannte Holz gefiel den Madeirensern und so begannen die Tischler recht bald, aus den Zuckerkisten Möbel zu fertigen. Während des 17. Jhs. entstanden Schränke und Truhen mit dem seltsamen Namen »Zuckerkistenmöbel«. Sie waren nüchtern, ja streng in ihrem Aussehen, ganz im damaligen Stil des bäuerlichen Mobiliars. Häufig wurden die Türen mit Kassetten verziert und mit schweren, Kreuzen oder Blüten nachgebildeten Eisenbeschlägen versehen. Bald verselbstständigte sich der Stil und Zuckerkistenmöbel wurden nun auch aus heimischen Hölzern gezimmert.

Englische Weinhändler führten um das Jahr 1700 einen neuen, elitären Wohnstil auf Madeira ein. Dies bedeutete das Aus für die rustikalen Zuckerkistenmöbel. Heute sind sie wertvolle Sammlerstücke und noch erstaunlich häufig in Museen und Privathäusern zu finden, z. B. in Funchal in der Casa-Museu Frederico de Freitas und in der Quinta das Cruzes > S. 75.

ten die oft auffällig großen Tafelbilder auf dem Kunstmarkt von Antwerpen und bezahlten sie mit dem Erlös aus dem Zuckerexport. Zu besichtigen sind viele im **Museu de Arte Sacra** in Funchal › S. 75.

Mit dem **Mudas – Museu de Arte Contemporâneo in Calheta** › S. 130 besitzt Madeira ein hochkarätiges Museum für zeitgenössische Kunst, das mit seiner 400 Werke umfassenden Sammlung auch im gesamtportugiesischen Vergleich bestehen kann. Vertreten sind Malerei und Bildhauerkunst von den 1960er-Jahren bis in die Gegenwart.

In Funchal eröffnen immer mehr Kunstgalerien. Eine nach wie vor wichtige Einkaufsadresse, Künstlertreff und Kunstbuchhandlung zugleich ist seit 1989 die **Galeria Porta 33** (Rua do Quebra Costas 33, www.porta33.com). Ihr machen jetzt Galerien vor allem in der Altstadt von Funchal Konkurrenz, etwa die **Galeria BELA 30** (Rua Bela São Tiago 30) von Wolfgang Lass und Anastasiya Ivanova und die **MA Gallery** (Rua de Santa Maria 179) der russischen Glaskünstler Maria Kuznetzova und Alexander Semenov. Mehrere Künstler, unter ihnen das junge einheimische Nachwuchstalent Elvio Freitas, sind in der **Artmall Gallery** (Avenida do Infante 11) vertreten.

Ein Freilichtmuseum der besonderen Art entstand seit 2010 in der Altstadt von Funchal, wo zahlreiche Künstler im Rahmen des Projekts **»Arte Portas Abertas«** die Türen renovierungsbedürftiger Häuser mit Malereien und Skulpturen verschönerten. Außerdem entstehen überall in der Stadt immer mehr großformatige Waldgemälde, und sogar die Parkautomaten wurden individuell von Künstlern gestaltet.

KERAMIK

Die bunt bemalten, vielfach zu Bildern zusammengefügten Fliesen *(azulejos)* sind aus Portugal nicht wegzudenken. Auf Madeira wurden sie zwar aufgrund fehlender Tonvorkommen nicht hergestellt, dafür aber in großer Zahl aus Lissabon oder dem niederländischen Delft importiert. In der Barockzeit, d.h. während des 17./18. Jhs., erreichte die Fliesenkunst ihren Höhepunkt. Meist in Blau und Weiß gehaltene Azulejos wurden zur Zier von Kirchen und Palästen; sogar gefliese Kirchturmspitzen findet man auf

Museum für zeitgenössische Kunst, Calheta

Azulejos auf Madeira zeigen neben religiösen oft inseltypische Szenen

Madeira. Anfang des 20. Jhs. gewannen Fliesen als Dekorelemente erneut große Bedeutung, diesmal vermehrt im öffentlichen Raum. Künstler entwarfen schmückende Azulejos für Hauswände, Kaffeehausfassaden, Brunnen und hübsche Promenadenbänke, stellten Szenen aus dem Alltagsleben dar oder variierten die Stilformen des Jugendstils.

Auch seit den 1950er-Jahren haben Kunstschaffende die Azulejos als Medium des Ausdrucks für sich entdeckt. Banken und Verwaltungsgebäude, Hotels und Museen werden heute mit Keramikplatten in zeitgenössischen Formen und Strukturen verkleidet. Parallel dazu lebt ungebrochen die christliche Tradition fort, über den Türen privater Landhäuser Fliesenbilder mit Darstellungen von Jesus Christus, Maria oder verschiedenen Heiligen anzubringen.

Apropos Ton-Kunst: Überall auf Madeira bewachen tönerne Dachreiter die Ziegeldächer älterer Häuser. Tauben und Köpfe von Kindern sind Fruchtbarkeitssymbole, Hunde- und Katzenköpfe sollen das Böse fernhalten. Diese Remates de Telhado gibt es in Monte im Café do Parque, in Camacha bei Flor da Achada (nahe dem Korbflechterzentrum) und in den meisten Baustoffhandlungen zu kaufen.

KUNSTHANDWERK

Besonders typisch für Madeira sind **Stickereien,** die garantiert von Hand gefertigt wurden. Ein Siegel des IVBAM (Staatliches Institut für Wein, Stickerei und Kunsthandwerk) bürgt dafür. Dementsprechend gestalten sich die Preise. Noch etwa 1500 meist ältere Frauen sticken auf der Insel. In der Blütezeit dieses künstlerischen Wirtschaftszweigs, den 1920er- und 1930er-Jahren, waren es bis zu 70 000. Viele der gängigen Muster entsprechen noch

SCHÖNE SOUVENIR-ADRESSEN

- Unter den zahlreichen Stickerei-geschäften in Funchal zeichnet sich **Patrício & Gouveia** durch ein besonders reichhaltiges Angebot aus. Hier erhält man auch ge-schmackvolle Keramik vom portu-giesischen Festland > S. 73.
- Kunsthandwerk sowohl von Ma-deira als auch aus Portugal prä-sentiert die **Casa do Turista** in Funchal in großer Auswahl > S. 78.
- Die traditionell zur Madeira-Tracht getragenen Lederstiefel fertigt **Barros & Irmãos** in der Altstadt von Funchal vor den Augen der Kunden an > S. 78.
- Kunsthandwerkern, die keinen ei-genen Shop haben, bietet die **Loja do Artesanato da Madeira** ein Fo-rum zum Verkauf ihrer Produkte (Rua dos Ferreiros 152, Funchal, Mo–Fr 10–12.30, 14–17.30 Uhr).
- Sympathisch altmodisch wirken-den, wunderschön filigranen Gold- und Silberschmuck verkauft in Funchal die **Ourivesaria Eva** > S. 78.
- Liebevoll wählt die Inhaberin des **Monte Palace Shop** in Funchals Vorort Monte ihr ge-schmackvolles Andenkensorti-ment aus > S. 85.
- Wichtigste Adresse für Korbwaren ist das **Café Relógio** in Camacha, das ein breites Angebot bereit-hält (Körbe, Taschen, Dekoobjekte etc.) > S. 95.

der damaligen Mode, wenngleich manche der wenigen verbliebenen in Funchal und Caniçal ansässigen Exportfirmen sich um eine Auffri-schung ihrer Kollektion bemühen und nun auch etwa Jeans oder Lei-nentaschen besticken lassen.

In den Manufakturen werden die Stoffe vorbereitet, die Muster mit-tels Schablonen in blauer Farbe auf-getragen. Das Sticken erfolgt in Heimarbeit. Anschließend waschen Frauen in der Manufaktur die Farbe aus, bügeln die Stoffe, versäubern die Ränder und schneiden bei Lochstickerei mit spitzen Scheren die Löcher in das Material. Wer sich für Madeira-Stickerei interessiert, findet in Funchal eine Reihe von Verkaufsräumen der Exportfirmen.

Ähnlich wie die Stickwarenher-stellung ist die schwer krisenge-schüttelte **Korbflechterei** organi-siert. Noch leben manche Bauern davon, in den feuchten Tälern des Nordens und Ostens Weidenbüsche anzupflanzen und die Ruten an Handwerker zu verkaufen. Ca-macha ist das Zentrum der Korbwa-renfertigung. Der dortige Betrieb Café Relógio vergibt Aufträge an die Korbflechter, die in Familienbetrie-ben arbeiten. In riesigen Verkaufs-räumen, wo regelmäßig Reisebusse vorfahren, werden die Waren ausge-stellt. Auch eine Schauwerkstatt ist dort untergebracht > S. 95. Die Fir-ma rühmt sich, mehr als 1000 ver-schiedene geflochtene Produkte anbieten zu können, vom Blumen-übertopf über Zeitschriftenständer und Weinflaschenhalter bis hin zum Spiegelrahmen.

BRAUCHTUM WIE IN ALTEN ZEITEN

Blumenverkäuferin in Funchal in ihrer traditionellen Tracht

Zahlreiche Folkloregruppen pflegen besonders bei Volksfesten die **Musik- und Tanztradition** Madeiras. Einige Tänze gehen auf Maurensklaven zurück, andere kamen mit den nordportugiesischen Einwanderern auf die Insel. Viele Lieder sang einst die Landbevölkerung, um sich die harte Arbeit auf dem Feld oder beim Pressen der Trauben zu erleichtern. Andere Gesänge begleiteten Pilger bei Wallfahrten oder während der Kirchenfeste. Zur musikalischen Begleitung dienen Saiteninstrumente wie die mit der Gitarre verwandte *braguinha*. Die Töne des *brinqinho*, mit einem Schellenbaum vergleichbar, erzeugen kleine Trachtenpuppen, an denen sich Kastagnetten und Glöckchen verbergen.

Trachten tragen auch die Blumenverkäuferinnen aus Camacha, die in Funchal ihre Ware auf den Märkten anpreisen. Sie kleiden sich in bunte Wollröcke mit weißen Blusen, tragen ein rotes Schultertuch und eine Kappe mit Zipfel *(carapuça)*. Die Korbschlittenfahrer in Monte sind wie ehedem gewandet: weiße Hose und Hemd, eine Schärpe um die Taille und ein runder Strohhut. Bei Frauen wie Männern gehören zur traditionellen Kleidung halbhohe Lederstiefel, wie man sie teils noch bei der Landarbeit trägt. Die Trachten sind sonst aus dem Alltag verschwunden. In den kühleren Regionen ist eine gestrickte Wollmütze *(barrete de lã)* mit Bommel und Ohrenklappen verbreitet.

MUSIK

Klassische Musik erfreut sich auf Madeira großer Beliebtheit, es gibt sogar eine Musikakademie in Funchal (Conservatório-Escola das Artes, Avenida Luís de Camões 1). Fast jede Woche geben Streichorchester in Funchal Konzerte. Das **Festival de Música da Madeira** › unten im Juni steht ganz im Zeichen klassischer Musik.

Der berühmte **Fado** stammt aus Festland-Portugal. Dieser portugiesische Blues drückt Trauer und Schmerz, die viel beschworene *saudade,* die angeblich jedem Portugiesen angeboren ist, aus. Fado ist in den Altstadtkneipen von Funchal zu hören, zu besonderen Anlässen auch in verschiedenen Bars und Restaurants. Zudem gehört diese melancholische Musik zum Abendprogramm in manchen Hotels.

Themen und Klänge der madeirensischen Volksmusik greifen mittlerweile junge Musiker auf, die in der Welt des Pop einen Namen haben. Encontros da Eira und Vítor Sardinha sind die bekanntesten Vertreter des Folk Pop, die immer wieder auch Konzerte auf Madeira geben.

FESTE & VERANSTALTUNGEN

Die Termine mancher Feste variieren von Jahr zu Jahr um einige Tage. Informationen erteilen Tourismusbüros, Hotelrezeptionen und die örtlichen Reiseleitungen. Aktueller Terminkalender unter www.visitmadeira.pt.

FESTKALENDER

Februar: Eine Woche vor Karneval feiert Santana die **Festa dos Compadres** (Fest der Paten). Lebensgroße Puppen spielen Patenonkel und -tante. Anspielungen auf die Lokalpolitik tragen zur Belustigung der Zuschauer bei. Höhepunkte des Carnaval sind in Funchal die farbenprächtige Sambagruppen-Parade am Samstag und der volkstümliche Maskenumzug am Dienstag.

April/Mai: Zur **Festa da Flor** (Blumenfest) in den Wochen nach Ostern herrscht in Funchal Hochbetrieb. Höhepunkt ist an einem Sonntag der farbenfrohe Umzug mit einer Parade der Blumenwagen. Am Vortag errichten Kinder auf dem Rathausplatz eine Blumenwand als Symbol des Friedens. › mehr S. 16 Punkt **29** Das etwa dreiwö-

chige Beiprogramm umfasst Ausstellungen, Konzerte, Auftritte von Folkloregruppen und einen Blumenmarkt.

Juni: Im Rahmen des gut dreiwöchigen **Festival do Atlântico** beleuchtet an vier Samstagen am Hafen von Funchal ein Feuerwerk den Himmel, organisiert von vier Gastnationen. Integriert ist das zehntägige **Festival de Música da Madeira** mit klassischer Musik im Stadttheater von Funchal, in der Igreja do Colégio und an anderen Aufführungsorten rund um die Insel.

Anfang Juni: Zur **Festa das Tosquias** (Fest der Schafschur) kommen, meist am 10. Juni, in Ribeira dos Boieiros, oberhalb von Camacha, die Hirten zusammen. Volksfestartiges Ambiente mit Folkloremusik, Ge-

tränkeständen, *espetada* und Strickwaren-
ausstellung.

29. Juni: Als Besonderheit der **Festa de
São Pedro** in Ribeira Brava führen junge
Männer auf dem Kirchplatz den archaisch
anmutenden Schwerttanz auf. Eine Prozession begleitet die auf einer Barke durch
den Ort gefahrene Figur des hl. Petrus.

Juli/August: Viele Gemeinden feiern an
einem Wochenende die **Festa do Senhor**
(Fest des Herrn) mit Gemeindeessen am
Samstag und Prozession am Sonntag.

15. August: Zu **Mariä Himmelfahrt** begeben sich unzählige Pilger nach Monte. In
den Tagen davor und danach steigt das
größte Festprogramm aller sommerlichen
Kirchweihfeste Madeiras.

1. Sonntag im September: Gläubige aus allen Teilen der Insel wallfahren nach Ponta
Delgada zur **Festa do Senhor Bom Jesus.**
Das Fest geht auf die legendäre Auffindung
einer Christusfigur im 15. Jh. zurück.

Anfang oder Mitte September: Bei der
Festa do Vinho Madeira (Fest des Madeira-
weins) stehen in Funchal Weinproben, Ausstellungen und Folklore auf dem Programm. Gleichzeitig dreht sich im
Winzerort Estreito de Câmara de Lobos alles um die Weinlese und das Stampfen der
Trauben. > mehr S. 12 Punkt ➏

3. Wochenende im September: Eine Prozession bunt geschmückter Fischerboote
holt während der **Festa Nossa Senhora da
Piedade** eine Pietà aus ihrer Kapelle auf
der Halbinsel São Lourenço und fährt sie
am nächsten Tag wieder zurück. Zwischen-
zeitlich wird kräftig gefeiert.

8. Oktober: In Erinnerung an die wunder-
same Auffindung einer 1803 bei einem
Hochwasser fortgeschwemmten Christusfigur zieht am Abend der **Festa do Senhor
dos Milagres** eine Fackelprozession durch
den völlig abgedunkelten Ort Machico.

1. November: Die Kastanienernte liefert
den Anlass für die **Festa das Castanhas** in
Curral das Freiras. Es gibt frisch geröstete
Maronen und andere Spezialitäten.

Weihnachten: In der Weihnachtszeit sind
die Straßen von Funchal farbenprächtig il-
luminiert. Vom 23. auf den 24. Dezember
öffnet die Markthalle die ganze Nacht.
Händler und Kunden essen nach alter Tradition *carne de vinho e alhos* (in Wein und
Knoblauch marinierter Schweinebraten).
An Heiligabend liest der Bischof von Funchal in der Kathedrale die Mitternachts-
messe. Am 25. Dezember, **Dia do Natal,**
wird im Kreis der Familie gefeiert.

Silvester: Das Jahresende, **Fim do Ano,**
feiern Touristen wie Einheimische in Hotels
und Restaurants, die lange vorher ausgebucht sind. Berühmtes Feuerwerk.

Weinernte zur Festa do Vinho Madeira in
Estreito de Câmara de Lobos

ESSEN & TRINKEN

Madeiras einheimische Küche ist traditionell bäuerlich. In den meisten Familien kochte die Hausfrau jeden Tag Eintopf, der alles enthielt, was gerade Saison hatte. Angereichert wurde er mit Wurst oder getrocknetem Fisch.

Trocknen war einst die einzige Möglichkeit, zu konservieren, was von einem Fang nicht verzehrt oder verkauft werden konnte. Fleisch kam nur an Feiertagen auf den Tisch, dann aber in Riesenportionen. Wer inseltypische Spezialitäten kennenlernen möchte, hat dazu in den zahlreichen Restaurants mit »cozinha regional« gute Gelegenheit. Auch Madeirenser kehren gerne dort ein. Feinere Lokale und die Hotels kochen oft mit einer britischen Note, denn lange Zeit zielte die gehobene Gastronomie auf englische Weinhändler und Touristen ab.

In der Innenstadt und im Hotelviertel von Funchal sowie in den großen Einkaufszentren gibt es natürlich Fastfood von Pizza, Pasta und Hamburgern bis hin zu chinesischer, indischer und türkischer Küche.

Das **Preisniveau** entspricht etwa dem anderer europäischer Urlaubsgebiete. Bei den Hauptgerichten liegt die Spanne zwischen 4,50 € in sehr einfachen Lokalen bis hin zu 40 € in Spitzenrestaurants, die von Gourmet-Guides empfohlen werden. Im Durchschnitt kostet ein Hauptgericht etwa 11–16 €, eine Flasche Wein 10–15 €. Brot und Butter *(couvert)* werden oft extra berechnet (ca. 1,50–2 € pro Person).

Werktags nehmen die Einheimischen ihr Mittagessen, falls sie – wie bei Berufstätigen üblich – im Restaurant speisen, ziemlich genau zwischen 13 und 14 Uhr ein. Warme Küche wird bereits ab 12 und dann bis 15 Uhr serviert, abends ab ca. 19 Uhr. Vor allem am Freitag und Samstag gehen die Madeirenser gerne aus und essen dann selten vor 21 Uhr. Sonntags zelebrieren Familien in Ausflugslokalen ein spätes Mittagessen bis weit in den Nachmittag hinein. Beim Bezahlen bringt der Kellner im Normalfall eine **Rechnung** für den gesamten Tisch. Möchte man getrennt bezahlen, sollte man dies schon bei der Bestellung sagen.

SUPPEN UND EINTÖPFE

In keinem Kochbuch aus Madeira fehlen Suppen *(sopa)* und Eintöpfe aus Gemüse, Hülsenfrüchten und Fleisch. Viele Suppen gewinnen durch Kartoffeln eine sämige Konsistenz und sind dementsprechend sättigend. Als Inselspezialität gilt Tomatensuppe *(sopa de tomate)*, zubereitet in unzähligen Varianten, aber fast immer mit einem verlorenen Ei in der Mitte. Portugals Nationalgericht, die »grüne Suppe« *(caldo verde)*, steht ebenfalls auf vielen Speisekarten. Sie besteht aus Kartoffeln, Kohl und Knoblauchwurst *(chouriço).* In einfachen Lokalen kommen mittags schmackhafte Eintöpfe auf den Tisch, etwa *cozido* (mit diversen Fleisch- und Gemüsesorten) oder *feijoada* (mit Bohnen, Wurst und Speck). Fischrestaurants bieten – jedoch oft nur für zwei Personen oder mehr – eine *caldeirada de peixe,* einen kräftig mit Koriander gewürzten Fischeintopf auf der Basis von Kartoffeln, Tomaten und Zwiebeln.

FISCHGERICHTE

Fangfrischer Fisch und Meeresfrüchte waren früher den Küstenorten vorbehalten, und hier isst man sie auch nach wie vor am besten. Fast alle Restaurants bereiten Schwarzen Degenfisch *(espada preto,* › S. 82) zu, besonders gern als paniertes Filet mit Banane. Er wird noch mit handwerklichen Methoden gefangen, ebenso wie der Thunfisch *(atum),* der meist als Steak gebraten und mit Zwiebelsoße serviert wird. Je nach Saison kommen die Edelfische hinzu. Im Restaurant wählt man den Fisch aus der Kühltheke oder vom Tablett, das der Kellner an den Tisch bringt. Dann wird er in der Küche gebraten oder gegrillt. Die Abrechnung erfolgt nach Gewicht. Oft steht auch Tintenfisch *(polvo)* als Ragout auf der Speisekarte. Meeresfrüchte sind auf Madeira rar. Die Auswahl beschränkt sich vorwiegend auf Meeresschnecken. *Lapas* (Schüssel- oder Napfschnecken) etwa werden als Vorspeise mit viel Knoblauch gegrillt und mit etwas Zitrone beträufelt aus der Schale gegessen. Gambas, Langusten und Muscheln werden importiert. Dennoch lohnt es unbedingt, *arroz de mariscos* (Reis mit Meeresfrüchten) zu probieren.

FLEISCH

Bekannt ist Madeira für Espetada, einen gigantischen Rindfleischspieß, den die Einheimischen besonders auf Festen gerne essen. Ausflugslokale braten die Spieße, für die Lorbeerstäbe verwendet werden, über dem offenen Holzkohlefeuer und hängen sie dann über dem Tisch auf. Jeder streift so viel Fleisch ab, wie er mag. Es wird nachbestellt, bis alle mehr als satt sind. Varianten sind die brasiliani-

Açorda ist eine einfache portugiesische Brotsuppe mit Knoblauch und Kräutern

TYPISCH GENIESSEN

- In der Altstadt von Funchal serviert das **O Regional**, wie der Name schon andeutet, die klassischen einheimischen Gerichte auf gehobenem Niveau › S. 78.
- Seit Jahren hält die folkloristisch dekorierte **Casa Madeirense** in Funchals Hotelviertel einen hohen Standard, obwohl sie sich nur an Touristen wendet › S. 78.
- **As Vides** im Zentrum des Winzerorts Estreito de Câmara de Lobos gilt als ältestes Espetada-Restaurant Madeiras › S. 83.
- Ebenfalls auf Espetada spezialisiert sind zwei Lokale mit Hüttenatmosphäre am Portela-Pass: **Miradouro da Portela** und **Portela à Vista** › S. 107.
- Im **Cantinho da Serra** an der Straße zum Pico Ruivo kommt auf den Tisch, was die Berge und Wälder Madeiras zu bieten haben: Kaninchen, Zicklein, Lamm › S. 115.
- Immer noch als Geheimtipp gehandelt wird die **Casa de Pasto Justiniano** in Chão da Ribeira, wo die Qual der Wahl zwischen Fleischspieß und Forellen aus der nahen Zucht besteht › S. 120.
- Das urige **Dos Amigos** bei Ponta do Sol setzt auf Espetada und andere Fleischgerichte › S. 129.
- In dem rustikalen Restaurant **Prazeres Rurais** in Prazeres stehen schmackhafte Schmorgerichte auf der Speisekarte › S. 135.

schen Grillspieße *picanha* und *entremeada* mit Reis, schwarzen Bohnen und Kohlgemüse als Beilagen. Ein weiteres einheimisches Gericht, Zicklein *(cabrito)*, wird vorwiegend in der Osterzeit zubereitet. Stundenlang mit allerlei Gewürzen im Ofen geschmort, schmeckt es sehr delikat. Zicklein wird auch zu Gulasch und Eintopf verarbeitet.

BEILAGEN UND VEGETARISCHES

Zu jedem Hauptgericht gehören mehrere Beilagen. Zu Fisch werden häufig Salzkartoffeln oder Tomatenreis und gemischter Salat gereicht, zu Fleisch Pommes frites und gekochtes Gemüse. Soßen kommen selten und nur in geringer Menge hinzu. Kenner verteilen nach Geschmack etwas Olivenöl über Kartoffeln und Gemüse.

Inseltypische Beilagen sind die Süßkartoffel *(batata doce)*, in der Schale gekocht, oder *milho frito*. Diese mit Kräutern gewürzte Polenta wird in Würfel geschnitten und frittiert. Schon zu Beginn des Essens stellen außerdem viele Restaurants »bolo de caco« auf den Tisch, ein Fladenbrot, das warm mit Knoblauchbutter ganz hervorragend schmeckt. › mehr S. 13 Punkt ⓫

Wer auf Fleisch oder Fisch verzichten möchte, wird in traditionellen Gaststätten kaum satt, es sei denn man beschränkt sich auf ein Omelett, zu dem meist Pommes frites und Salat als Beilagen gehören. Hingegen finden sich in modernen, engagiert geführten Lokalen meist ein oder mehrere vegetarische Gerichte auf der Speisekarte.

SÜSSSPEISEN

Die Auswahl an Puddings und Cremes ist groß und oft ausgesprochen süß. Auch unterschiedlichste Torten werden als Dessert gereicht. Weniger üppige Alternativen sind Eis *(gelado)*, Obstsalat *(salada de frutas)* oder Früchte der Saison wie Erdbeeren, Mangos und Ananas.

GETRÄNKE

Der eigentliche Madeirawein › S. 56 wird als Aperitif getrunken, er ähnelt Sherry bzw. Portwein. Zum Essen bestellen die Madeireneser Wein *(vinho)* und stilles Tafelwasser *(água sem gas)*. Wer Wasser mit Kohlensäure bevorzugt, bestellt *água com gas.* Auf den Weinkarten stehen vorwiegend Tropfen des portugiesischen Festlands. Ein spritziger junger Wein mit niedrigem Alkoholgehalt ist *vinho verde,* der am besten gut gekühlt schmeckt. Weiß-

Weißer Rum ist die Grundlage der süffigen Poncha

wein *(vinho branco)* und Rotwein *(vinho tinto)* sind fast immer trocken. Liebliche Weine gibt es kaum, allenfalls als Rosé *(rosado).* Immer öfter findet man die etwas teureren Tischweine, die auf Madeira produziert werden.

Bier *(cerveja)* genießen die Madeirenser auch zum Essen, vor allem aber zwischendurch. Von der häufig angebotenen einheimischen Marke Coral gibt es ein dunkles Lager. Ein kleines Bier vom Fass heißt *fino,* ein mittleres *balão* und ein großes *caneca.* Natürlich gibt es auch alkoholfreies Bier *(cerveja sem álcool)* und die international bekannten Softdrinks.

Eine Inselspezialität ist der Zuckerrohrschnaps *(aguardente de cana,* › S. 130), der vorwiegend als Poncha, gemixt mit frisch gepresstem Zitronensaft und Honig, getrunken wird.

Das Essen beschließen die Madeirenser mit einem Kaffee. Die *bica* entspricht dem italienischen Espresso in einer kleinen Tasse. Mit etwas Milch heißt er *garoto.* Der Cappuccino ohne Sahne (!) nennt sich auf Madeira *chinesa,* ein großer Milchkaffee im Glas (ähnlich dem Latte macchiato) ist ein *galão.*

Tee *(chá)* ist weniger verbreitet und wird fast überall mit Teebeutel aufgebrüht. Zelebriert wird der High Tea nach britischer Tradition im Reid's Palace Hotel in Funchal.

💬 WAS LANGE GÄRT ...

Madeiraweine gibt es in verschiedenen Geschmacksrichtungen und Qualitätsstufen

Als typisches Modegetränk des 19. Jhs. hatte es der **Madeirawein** später schwer, Anklang zu finden. Seit einigen Jahren ist er wieder im Aufwind, Kenner genießen den edlen Tropfen als Aperitif, die süßen Sorten auch zum Dessert oder nach dem Essen am Kamin. Den Alkoholgehalt um 18 Vol.-% verdankt der Vinho da Madeira der Zugabe von reinem Alkohol.

SORTEN UND QUALITÄTEN

Madeirawein wird in vier Geschmacksrichtungen ausgebaut. Im Idealfall entsprechen sie den Rebsorten Malvasia (süß), Boal (halbsüß), Verdelho (halbtrocken) und Sercial (trocken). Diese sind jedoch rar und nur in teuren Weinen zu finden. Weniger edle Tropfen erkennen Insider unschwer an der fehlenden Angabe der Rebsorte. Madeirawein lagert meist nach der Gärung mehrere Monate bei etwa 45 °C (sog. Estufa-Verfahren) und reift anschließend bei Normaltemperatur weiter. Dann kommt er als **3 years old** bzw. **Finest** für ca. 6 € pro Flasche auf den Markt. **Reserve, Special Reserve** oder **Extra Reserve** nennen sich 5, 10 bzw. 15 Jahre alte Verschnitte mehrerer Jahrgänge.

Seltener, aber wegen der steigenden Nachfrage immer öfter bauen die Winzer auch Jahrgangsweine aus. Besonders hochwertig ist etwa der **Vinho Canteiro,** der nach der Gärung nicht erhitzt wird, sondern von Anbeginn im Fass reift. Wenn dieser aus klassischen Reben gewonnen wurde und mindestens 20 Jahre alt ist, darf er sich **Vintage** nennen.

Tischweine: Immer mehr Winzer setzen auf leichtere Weine, die sich in gut sortierten Supermärkten und Weinhandlungen sowie auf den Karten von Restaurants und Hotels finden. Bekannt und gut auf dem Markt eingeführt sind die Marken »Quinta do Moledo« und »Rocha Branca« von **João Mendes** aus Arco de São Jorge. Er verwendet die Rebsorten Cabernet Sauvignon und Merlot für Rotwein sowie Verdelho und Arnsburger für Weißwein. Die auf Madeira beliebte Arnsburger-Rebe für Weißweine wurde in Deutschland gezüchtet.

Von der Firma **Torcaz** stammt der gleichnamige Rotwein aus der einheimischen Traditionsrebe Tinta Mola Negre, in Seixal keltert eine Winzergenossenschaft den weißen **Seiçal.**

WEINVERKAUF UND VERKOSTUNG IN FUNCHAL

Die vorwiegend in Funchal ansässigen Madeiraweinkellereien betreiben Probierstuben, in die sie während den normalen Ladenöffnungszeiten einladen. Preiswertere Sorten schenken sie gratis aus, teurere Weine zu probieren kostet meist extra.

- **Blandy's Wine Lodge**  E5

  Riesige Auswahl. Gratis-Weinprobe in der Sala Max Römer, die mit Gemälden des Malers geschmückt ist. Im Vintage Room werden besondere Tropfen gegen Bezahlung zum Verkosten angeboten.
  Av. Arriaga 28 | Funchal | Tel. 291 228 978
  www.blandyswinelodge.com
  Touren: Über den Madeirawein informiert eine 45-minütige, geführte Tour

durch die interaktive Museumskellerei (auf Deutsch meist Mo–Fr 10.45, 14.45, 15.45, Sa 10.45 Uhr, 5,90 €).
An Madeiraweinkenner richtet sich die englischsprachige »Vintage Tour« (60 Min., meist Mo–Fr 16.30 Uhr, 16,50 €). Manchmal finden spezielle Events statt, etwa Exkursionen in die Weinberge der Firma Blandy.

- **D'Oliveiras** E5

  Kleine Familienkellerei, herrlich altmodisch. Zur Probe werden drei Weine vor der Kulisse ehrwürdiger Eichenfässer ausgeschenkt.
  Rua dos Ferreiros 107 | Funchal
  Tel. 291 220 784
  Mo–Fr 9–18, Sa 9.30–13 Uhr

- **H. M. Borges** E5

  Klassischer Weinkeller einer seit 1877 existierenden Firma, die sich immer wieder neu erfindet.
  Rua 31 de Janeiro 83 | Funchal
  Tel. 291 223 247
  www.hmborges.com
  Mo–Fr 9–12.30, 14–17.30 Uhr

Reifelagerung der Weine im Holzfass

São Vicente erstreckt sich malerisch
zwischen Berghängen an der Nordküste

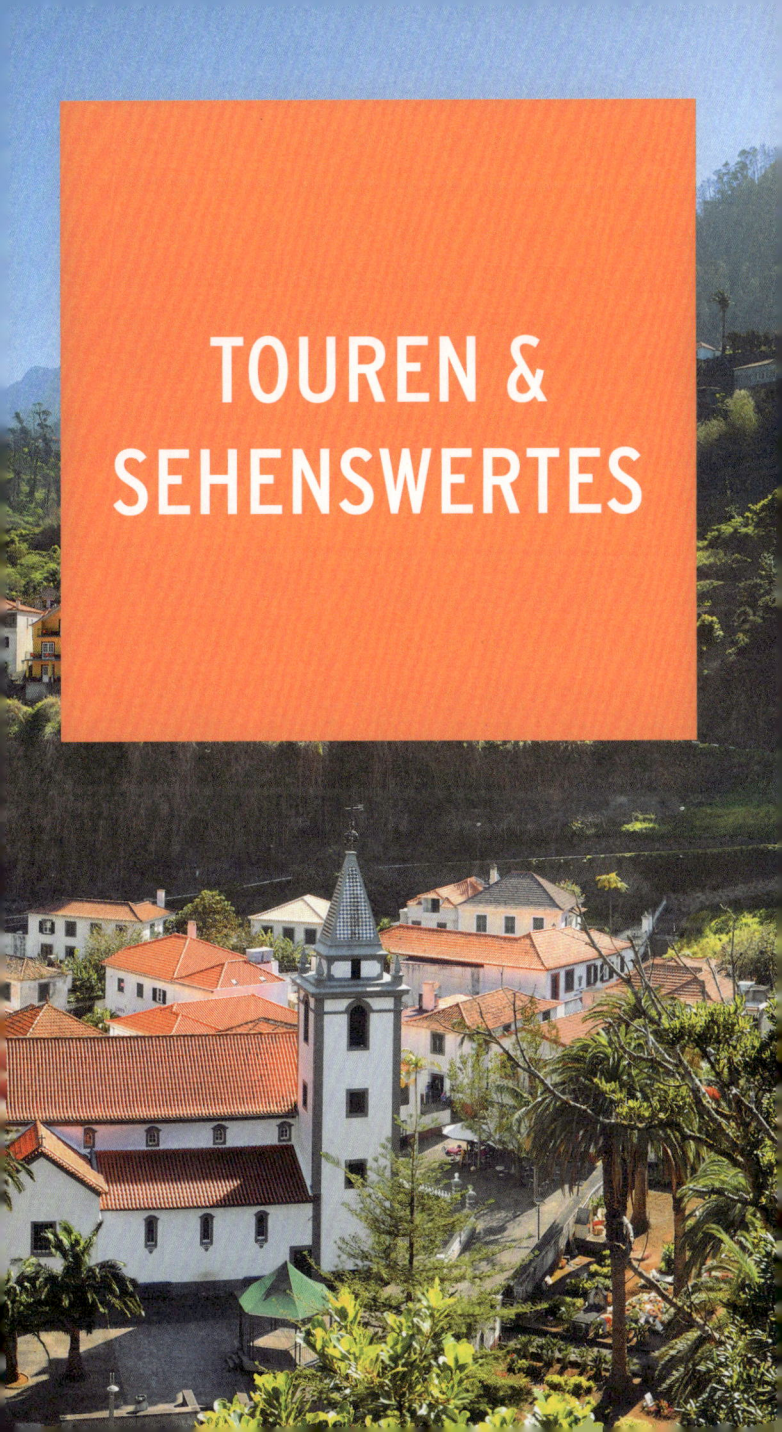

TOUREN & SEHENSWERTES

IN UND UM FUNCHAL

Funchal liegt in einer großen, geschützten Meeresbucht

Im Blickpunkt steht Madeiras Hauptstadt mit tropischen Parkanlagen, ehrwürdigen Palästen und der lebhaften Altstadt. Ausflüge in die Umgebung führen zu prächtigen Gärten, in alpine Bergwelten, Bauern- und Fischerdörfer.

Madeiras Hauptstadt punktet nicht nur mit Palästen und Villen inmitten üppiger Gärten, Kirchen, Klöstern und interessanten Museen. Funchal ist auch eine weitgehend ursprünglich gebliebene Stadt. Reges Treiben herrscht auf den Märkten, in den Einkaufsstraßen und am Hafen. Tagsüber verlockt die entspannte Atmosphäre in den Cafés und auf der Promenade zum Verweilen, abends begeistern Fadosänger in urigen Altstadtkneipen. Auch die Umgebung der Stadt hat eine Menge zu bieten. Schön präsentieren sich die gepflegten Parkanlagen mit exotischem Ambiente. Mit dem Pico do Arieiro liegt Madeiras dritthöchster Gipfel zum Greifen nah. In Câmara de Lobos bringen die Fischer ihren Fang noch mit offenen Booten ein, die sie an den Strand des Naturhafens ziehen. Das Nonnental mit dem Bergdorf Curral das Freiras erinnert an die Alpen, während sich in Funchals vornehmem Vorort Monte alles um den letzten österreichischen Kaiser dreht.

TOUREN IN DER REGION

EIN TAG IN FUNCHAL UND MONTE

ROUTE: Funchal › Monte › Jardim Botânico › Funchal

KARTE: Seite 63, 66
DAUER: 1 Tag; Fahrstrecke 8 km
PRAKTISCHE HINWEISE:
• Viele Hotels in Funchal, Caniço de Baixo und anderen Orten bieten ihren Gästen den Gratisservice eines Shuttlebusses nach Funchal.
• Der zentrale Haltepunkt der Shuttlebusse ist an der Avenida do Mar, hinter dem Jachthafen. Von Funchal nach Monte und weiter zum Jardim Botânico geht es jeweils mit der Seilbahn. Rückfahrt nach Funchal mit dem Bus (Linien 29, 30, 31A, einfach 1,95 €).

TOUR-START:
Von der Avenida do Mar startet der Rundgang durch **Funchal 1** › S. 65. Schlendern Sie zunächst über den **Cais A** › S. 65, um einen Überblick

über Hafen und Stadt zu gewinnen. Das nächste Ziel ist der idyllische **Parque de Santa Catarina** › S. 68 mit seiner exotischen Pflanzenwelt und nostalgischem Café.

Durch die Avenida Arriaga, eine als Fußgängerzone gestaltete Allee, gelangen Sie zur **Sé Catedral** ❿ › S. 70. Nach der Besichtigung der Kathedrale aus manuelinischer Zeit macht es Spaß, das Flair der **Praça Colombo** ❶ › S. 71 in einem der Cafés zu genießen.

Dann steht der **Mercado dos Lavradores** Ⓜ › S. 71 auf dem Programm, die bunte Markthalle der Stadt. Weiter geht es durch die älteste Straße von Funchal, die Rua de Santa Maria › S. 72, zur hübschen **Capela do Corpo Santo** › S. 73. In der Nähe finden Sie nette Restaurants, in die Sie zur Mittagspause einkehren können.

Von dort ist es nicht weit zur Talstation des **Teleférico do Funchal** › S. 65, 72. Mit der Seilbahn schweben Sie in einer Viertelstunde nach **Monte** › S. 85, einem rund 550 m hoch gelegenen Villenvorort von Funchal, wo sich insbesondere die Besichtigung der **Igreja Nossa Senhora do Monte** › S. 86 mit dem Grab des letzten österreichischen Kaisers sowie des prächtigen Parks **Jardim Tropical Monte Palace** › S. 85 lohnt. Eine weitere Seilbahn, der Teleférico do Jardim Botânico, bringt Sie quer über eine Schlucht zum **Jardim Botânico** › S. 88, dem spektakulären Botanischen Garten. Zurück fährt man am besten mit dem Linienbus wieder bis zum Ausgangspunkt, der Avenida do Mar.

DREI TAGE IN DER UMGEBUNG VON FUNCHAL

ROUTE: Funchal › Pico dos Barcelos › Eira do Serrado › Curral das Freiras › Funchal (1. Tag); Funchal › Câmara de Lobos › Cabo Girão › Estreito de Câmara de Lobos › Jardim da Serra › Boca da Corrida › Funchal (2. Tag); Funchal › Pico do Arieiro › Terreiro da Luta › Monte › Funchal (3. Tag)

KARTE: Seite 63
DAUER: 3 Tage; Fahrstrecke 1. Tag: 43 km; 2. Tag: 48 km; 3. Tag: 46 km
PRAKTISCHE HINWEISE:
- Die drei Tagesfahrten sind nur mit Mietwagen oder Taxi sinnvoll durchführbar.
- Sie setzen nicht zwingend den Standort Funchal voraus. Auch von Caniço de Baixo sind sie ohne großen Mehraufwand möglich, die Fahrstrecke verlängert sich dann pro Tag um ca. 15 km.

TOUR-START:

Am ersten Tag steht als Auftakt der Aussichtspunkt **Pico dos Barcelos** › S. 84 auf dem Programm. Noch beeindruckender ist der Blick von der Terrasse **Eira do Serrado** › S. 84 oberhalb des romantischen Nonnentals. Von dort fahren Sie zurück zur Hauptstraße und durch einen modernen Tunnel nach **Curral das**

Freiras **9** > S. 84, in den Hauptort des Nonnentals. Dort bieten mehrere Restaurants köstliche Spezialitäten aus Edelkastanien an. Rückkehr nach Funchal.

Die folgende Tagesfahrt führt entlang der Küste ins urige Fischerdorf **Câmara de Lobos 5** > S. 81, wo sich ein Spaziergang durch die Gassen zum Hafen anbietet. Nächstes Ziel ist **Cabo Girão 7** > S. 83. Die Steilküste hier zählt zu den

höchsten der Welt. Die Fahrt zum Cabo Girão führt über die Schnellstraße (Abfahrt Quinta Grande), zurück sollten Sie die alte, landschaftlich schönere Landstraße bis zum Winzerdorf **Estreito de Câmara de Lobos 6** > S. 82 wählen. Hier können Sie in dem wohl ältesten Espetada-Lokal Madeiras einkehren.

Am Nachmittag geht es auf einer schmalen Straße aufwärts in das

TOUREN IN DER REGION

TOUR **1**

EIN TAG IN FUNCHAL UND MONTE

Funchal > Monte > Jardim Botânico > Funchal

TOUR **2**

DREI TAGE IN DER UMGEBUNG VON FUNCHAL

Funchal > Pico dos Barcelos > Eira do Serrado > Curral das Freiras > Funchal (1. Tag); Funchal > Câmara de Lobos > Cabo Girão > Estreito de Câmara de Lobos > Jardim da Serra > Boca da Corrida > Funchal (2. Tag); Funchal > Pico do Arieiro > Terreiro da Luta > Monte > Funchal (3. Tag)

Größere und »kleinere« Kreuzfahrtschiffe legen am Hafen von Funchal an

idyllische **Jardim da Serra** › S. 82 und weiter zur **Boca da Corrida** › S. 82, einer Passhöhe mit Blick ins Nonnental aus der Vogelperspektive.

Der dritte Tag ist den Bergen oberhalb von Funchal gewidmet. Brechen Sie möglichst früh auf, um den **Pico do Arieiro** 4 › S. 80 wolkenfrei zu erleben. Sie erreichen Madeiras dritthöchsten Berg bequem per Auto. Auf der Rückfahrt lohnt ein Halt in **Terreiro da Luta** 2 › S. 79, um die Aussicht auf Funchal zu genießen. **Monte** 10 › S. 85 und seine Sehenswürdigkeiten verlocken zu einem längeren Aufenthalt. Tropische Parkanlagen laden zum Schlendern ein. Eine einmalige Attraktion ist die Korbschlittenfahrt.

VERKEHRSMITTEL

• **Überlandbusse:** Funchal ist der Ausgangspunkt aller wichtigen Verbindungen. Vier Linienbusgesellschaften bedienen verschiedene Inselteile. Busse von EACL (www.eacl.pt) nach Caniço und CCSG (www.horariosdofunchal.pt) nach Camacha/Santo da Serra und Faial/Santana (teils über Terreiro da Luta/Poiso) fahren nahe der Seilbahnstation in der Altstadt ab. Die CCSG-Linie 81 Richtung Curral das Freiras hält auch an der Av. do Mar, vor dem Palácio de São Lourenço. Der SAM-Busbahnhof (Busse Richtung Machico; www.sam.pt) liegt in der Rua Gulbenkian, der Bahnhof von Rodoeste (Busse in den Westen, auch nach Câmara de Lobos; www.rodoeste.pt) findet sich am Campo da Barca im Nordosten. Man bezahlt jeweils beim Fahrer. Fahrpläne sind im Internet einsehbar und hängen jeweils an den Busbahnhöfen/Endstationen aus.

- **Stadtbus:** Die orangefarbenen Busse von Horários do Funchal (www.horariosdo funchal.pt) verkehren ab Av. do Mar in alle Stadtteile, u. a. nach Monte, zum Jardim Botânico und zu den Palheiro Gardens (Fahrpläne und Liniennetz an den Haltestellen). Die Einzeltickets gibt es beim Fahrer (1,95 €). Wer öfter fährt, kann im Vorverkauf elektronisch zu entwertende Karten für 0,50 € erwerben und diese mit beliebig vielen Fahrten aufladen lassen (pro Fahrt 1,35 €, ab 10 Fahrten 1,25 €). In »Payshops« oder an einem der beiden Kioske von Horários do Funchal an der Av. do Mar.

- **Seilbahnen:** Von Funchal nach Monte schwebt der **Teleférico do Funchal** (Tel. 291 780 280, www.madeiracablecar. com, tgl. 9–17.45 Uhr, nicht 25.12., einfach 11 €, hin u. zurück 16 €). Der Botanische Garten ist mit Monte durch den **Teleférico do Jardim Botânico** verbunden (www. telefericojardimbotanico.com, tgl. 9 bis 17 Uhr, einfach 8,25 €, hin u. zurück 12,75 €).

- **Autofähre:** Die Porto-Santo-Line startet ab Funchal 1–2 × tgl. (im Winter außer Di, Januar keine Fahrten).

UNTERWEGS IN UND UM FUNCHAL

FUNCHAL 🟧1 📖 E5

Der Zuckerexport machte Madeiras Hauptstadt (112 000 Einw.) schon um 1500 – nur rund 80 Jahre nach der Erstbesiedlung der Insel – zu einem blühenden Handelszentrum, das Kaufleute aus Italien und Flandern anzog. Später, seit Ende des 17. Jhs., ließen sich zahlreiche englische Weinhändler hier nieder. Auch der einheimische Adel bevorzugte die Stadt als Wohnort und ließ seinen Großgrundbesitz von Pächtern bewirtschaften. Die große Stunde des Tourismus schlug im 19. Jh., als Großbürger und Nobilität aus England und Mitteleuropa oft für mehrere Monate in dem milden Klima Funchals verweilten. Im Verlauf der Jahrhunderte ließen sich die geldschweren Residenten prachtvolle Paläste bauen und exotische Parks anlegen – und finanzierten die üppige Ausstattung ehrwürdiger Kirchen.

Die botanischen und architektonischen Memorabilien schmücken die Stadt bis heute. Ein Hotelviertel am Meer, Jachthafen, Promenaden und Einkaufspassagen kamen in den vergangenen Jahren hinzu und verleihen Funchal das Gesicht einer modernen Großstadt, die ihre historischen Wurzeln nicht verleugnet – alles in allem ein Ort zum Wohlfühlen.

IN DER INNENSTADT

Am **Cais** 🅐, dem alten Anlegekai, gingen früher die Passagiere der Kreuzfahrtschiffe an Land. Heute flanieren hier wie auf der angrenzenden **Praça do Povo** und der Uferpromenade Einheimische und Touristen. Von der Spitze des Cais bietet sich eine der schönsten Gesamtansichten der Bucht von Funchal.

Früher mussten die Schiffe im freien Wasser ankern, Passagiere und Waren wurden an Land gerudert. Erst Mitte des 20. Jhs. entstand die heutige Hafenanlage. Da der Frachtverkehr nach Caniçal › S. 105 verlagert wurde, ist Funchals Hafen jetzt Ausflugs- und Fischerbooten sowie der Porto-Santo-Fähre vorbehalten. Häufig legen auch Kreuzfahrtschiffe an, besonders zum

Ende des Jahres, zum weltberühmten Silvesterfeuerwerk von Funchal. Hauptattraktion des Hafens ist die **Marina** Ⓑ mit ihrer Zeile empfehlenswerter Fischlokale.

Oberhalb des Jachthafens starten an der Avenida do Mar alle paar Minuten Doppeldeckerbusse mit Sonnendeck zur Stadtrundfahrt (Hop-on/Hop-off-Busse, Tickets und Infos unter www.yellowbustours.com, www.city-sightseeing.com).

Unweit westlich erhebt sich ein überlebensgroßes **Bronzedenkmal**

Ⓐ Cais
Ⓑ CR7 Museu
Ⓒ Capela de Santa Catarina
Ⓓ Quinta Vigia
Ⓔ Casino
Ⓕ Jardim Municipal
Ⓖ Blandy's Wine Lodge
Ⓗ Café Ritz
Ⓘ Palácio de São Lourenço
Ⓙ Sé Catedral
Ⓚ Alfândega Velha (Altes Zollamt)
Ⓛ Praça Colombo
Ⓜ Mercado dos Lavradores
Ⓝ Arte das Portas Abertas
Ⓞ Museu de Electricidade –
    Casa da Luz
Ⓟ Madeira Story Centre
Ⓠ Fortaleza de São Tiago
Ⓡ Igreja do Socorro
Ⓢ Patrício & Gouveia
Ⓣ Núcleo Museológico do Bordado
    (Stickereimuseum)
Ⓤ Museu Henrique
    e Francisco Franco
Ⓥ Câmara Municipal
Ⓦ Museu de Arte Sacra
Ⓧ Museu de História Natural
Ⓨ Casa-Museu Frederico de Freitas
Ⓩ Quinta das Cruzes

für **Cristiano Ronaldo,** den von Madeira stammenden Weltfußballer und Europameister. Daneben dokumentiert das **CR7 Museu** die Höhepunkte seiner Karriere (www. museucr7.com, Mo–Sa 10–18 Uhr, Eintritt 5 €). › mehr S. 16 Punkt **31**

Die weiße **Capela de Santa Catarina C** steht auf einer Anhöhe über dem Hafen, angeblich an jener Stelle, an der Inselentdecker Zarco 1425 eine erste Siedlung errichten ließ. Zwar erfuhr die Kapelle im Barock wesentliche Umbauten, das

Weihwasserbecken stammt jedoch aus dem 15. Jh. Es ist mit den Symbolen des Martyriums der hl. Katharina verziert: Das Rad gilt als ihr Folterinstrument und mit dem Schwert wurde sie geköpft (Sa 9.30 bis 12.30 Uhr).

Gleich daneben scheint Christoph Kolumbus (port. Cristovão Colombo), in Bronze gegossen, die Aussicht über den Hafen zu genießen. Der Genuese lebte vor seinen berühmten Entdeckungsreisen einige Jahre auf Madeira.

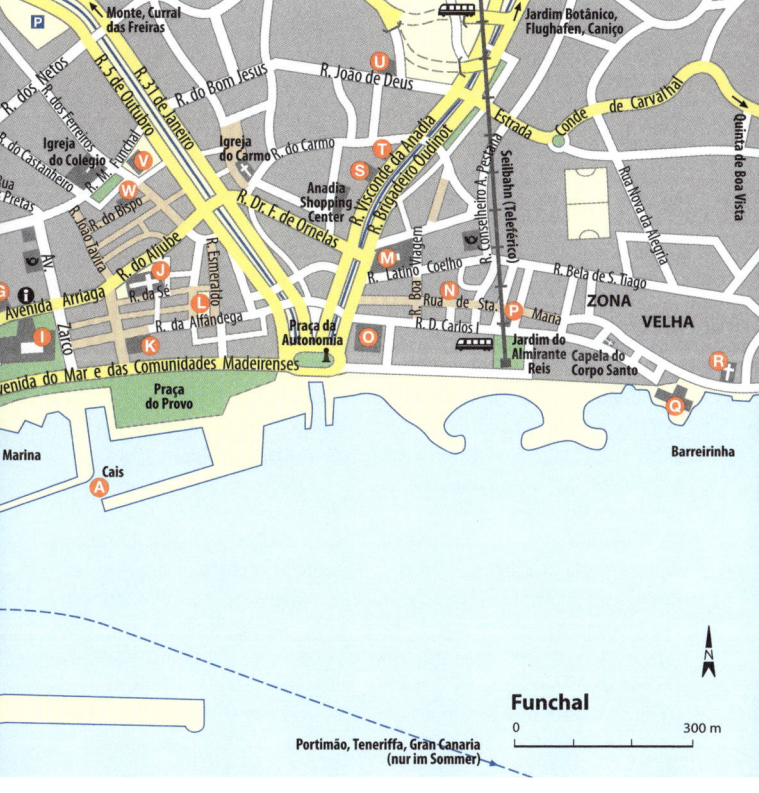

Funchal

Im angrenzenden **Parque de Santa Catarina** erstaunen exotische Bäume und eine verschwenderische Blütenfülle. Wunderschön sitzt man im nostalgischen Gartencafé oder auf einer Bank am Fontänenteich (Park Mitte März–Mitte Sept. tgl. 7–20, sonst bis 19 Uhr).

Rosa schimmert die **Quinta Vigia** ⓓ im westlichen Teil des Parks zwischen den Bäumen hindurch. Da in der Villa aus dem 17. Jh. heute Büros der Regierung untergebracht sind, ist der herrliche Garten öffentlich zugänglich. Rosa wurde auf der Insel traditionell für den Fassadenanstrich herrschaftlicher Häuser verwendet. Solche Anwesen verfügten stets über eine Privatkapelle – und diese ist wegen der barocken Fliesenbilder im Inneren unbedingt einen Blick wert. Azulejos aus der Zeit des Klassizismus zieren die Veranda der Villa. Im hinteren Teil des Gartens steht ein Pavillon, in dem die Damen des Hauses früher ihren Tee einnahmen (Av. do Infante 1, Mo–Fr 9–17 Uhr, Eintritt 1 €).

Die Quinta Vigia wird mit Kaiserin Elisabeth (Sisi) von Österreich in Verbindung gebracht, die den Winter 1860 auf Madeira verbrachte, offiziell, um eine Lungentuberkulose auszukurieren. Sisi hat aber nie hier gewohnt. Die historische Quinta Vigia fiel in den 1960er-Jahren den Bulldozern zum Opfer. Sie gehörte zu einer Gruppe von fünf Herrenhäusern oberhalb des Hafens. Nur eines, die Quinta das Angústias, blieb erhalten und trägt heute als Erinnerung an Kaiserin Sisi den Namen Quinta Vigia.

Vier historische Villen mussten dem **Casino** ⓔ (Av. do Infante, › S. 78) weichen, das zusammen mit dem angrenzenden Pestana Casino Park Hotel ein eigenwilliges Ensemble aus Beton darstellt. Der brasilianische Stararchitekt Oscar Niemeyer (1907–2012) schuf das Casino in Form einer Dornenkrone, ähnlich der ebenfalls von ihm entworfenen Kathedrale von Brasília. Das Hotel setzte er auf Stelzen. › mehr S. 14 Punkt ⓳ An der Straßenfront des Hotels steht ein **Denkmal für Kaiserin Elisabeth.**

Inmitten der **Praça do Infante** (Prinzenplatz) sprudelt das Wasser eines Springbrunnens über eine Weltkugel. Der Prinz thront am Rand des Platzes: Heinrich der Seefahrer in der Tracht der arabischen Gelehrten. Er selbst ist angeblich nur einmal in seinem Leben zur See gefahren. Dennoch förderte er die portugiesischen Entdeckungsfahrten, deren erstes Ergebnis u. a. die Inbesitznahme Madeiras 1419 war.

Jacarandabäume bilden stadteinwie stadtauswärts prachtvolle Alleen. Ende April hüllen sie sich in ein blauviolettes Blütenkleid, noch ehe die Blätter sprießen.

Einladende Straßencafés prägen die Atmosphäre der fast gänzlich den Fußgängern vorbehaltenen **Avenida Arriaga.** An ihr liegt auch der sehenswerte **Jardim Municipal** (Stadtgarten) ⓕ. Ende des 19. Jhs. entstand er als erster öffentlicher Park über den Ruinen eines Franziskanerklosters. Tropische Gewächse wie Palmfarne, riesige Korallenbäume, immergrüne Schraubenbäume

(Pandanus), majestätische Araukarien und der Kapokbaum mit baumwollähnlichen Früchten gedeihen hier üppig wie sonst nirgendwo auf Madeira. › mehr S. 16 Punkt ㉝

Auf den schattigen Parkbänken lassen sich die Einheimischen gerne nieder, um ihre im nostalgischen Kiosk nebenan erworbene Zeitung zu lesen oder um sich einfach zu entspannen. Das lauschige Café O Concerto lädt im Park zur Rast ein.

Nebenan steht das Gebäude der **Blandy's Wine Lodge** Ⓖ. Hier kann man Madeirawein kosten und kaufen sowie an einer Führung durch den ehrwürdigen Weinkeller teilnehmen › S. 57.

In einem Eckhaus gegenüber dem Stadtgarten wurde um 1900 das **Café Ritz** Ⓗ (heute The Ritz Madeira, Av. Arriaga 33) gegründet. Aus dieser Zeit stammen die Fliesenbilder an der Fassade. Sie zeigen idyllische Szenen aus der Vergangenheit: Reiche Leute, die sich in Hängematten auf die Berggipfel tragen ließen, die alte Zahnradbahn nach Monte, wo man in die Korbschlitten stieg, Korbflechter, Stickerinnen und Ochsenschlitten – früher ein wichtiges Verkehrsmittel in Funchal, das Ende der 1970er-Jahre endgültig dem Autoverkehr weichen musste.

Im wuchtigen **Palácio de São Lourenço** Ⓘ befindet sich der Amtssitz des Ministers der Republik (Vertreter der Regierung). Der erste Wehrturm von 1529 war nur zum Meer hin mit Kanonen bestückt.

Direkt an der Flaniermeile Avenida Arriaga sitzt man auf den Außenplätzen des Café Ritz

Französische Korsaren konnten ihn daher 1566 von der Landseite her einnehmen und die Stadt plündern. Daraufhin ließ König Sebastião die Festung nach Plänen italienischer Militärarchitekten errichten. Im 18./19. Jh. wurde das Innere zum Palast für die Inselgouverneure umgestaltet. Aus dieser Zeit stammt die repräsentative meerseitige Fassade. Am kleinen Portal der Nordostbastion prangt die Figur des Namenspatrons Sankt Laurentius. Durch den Haupteingang an der Avenida Zarco dürfen Besucher zeitweilig den Innenhof betreten und die Prunkräume sowie die barocken Gartenanlagen auf den Nordbastionen besichtigen (Av. João Gonçalvez Zarco 1, www.representantedarepublica-madeira.pt, Mo 12.30, Di, Mi 10, Do 10 und 14.30, Fr 15 Uhr, Eintritt frei).

An der Kreuzung zwischen den Avenidas Arriaga und Zarco erhebt sich ein Denkmal für **João Gonçalves Zarco** › S. 38.

Von hier fällt der Blick auf die Westfassade der **Sé Catedral** ❶ ⭐ (Largo da Sé, www.diocesedofunchal.com, Mo–Fr 9–12, 16–17.30, Sa 17–19, So 8–10, 11–12, 17–19 Uhr, bei Messen keine Besichtigung, Eintritt frei). Die Kathedrale ist einer der wenigen erhaltenen Bauten der Stadt aus manuelinischer Zeit. 1517 konnte das Gotteshaus, Auftraggeber war König Manuel I. persönlich, geweiht werden. Die schlichte Natursteinfassade wird nur durch das majestätische Portal mit Rankenornamenten unterbrochen, darüber eine prächtige

Fensterrosette. Den Giebel bekrönt das Kreuz des Christusordens. Es lohnt sich, einen Blick auf die Apsis zu werfen: ein harmonisches Ensemble gedrehter Türmchen und der eigenwillig verschnörkelten Brüstung, auf der wiederum Kreuze des Christusordens sitzen.

Im Inneren trennen Spitzbögen das schmale, hohe Hauptschiff von den Seitenschiffen. Die aufwendig in Holz geschnitzten und üppig mit Blattgold belegten Altäre wurden erst in der Barockzeit aufgestellt, mit Ausnahme des gotischen Hauptaltars. Wie dieser stammt das prächtige Chorgestühl aus dem 16. Jh. In Blau gehalten und mit Gold verziert, wurde es von einem flämischen Handwerker geschaffen und mit satirischen Tierfiguren ausgeschmückt. Auch die Holzdecke ist noch von der ursprünglichen Kircheneinrichtung erhalten. Sie wurde der Mode der damaligen Zeit entsprechend im Mudéjarstil geschnitzt und mit Elfenbeinintarsien versehen. Ihr guter Zustand ist der Holzqualität der Madeira-Zeder zu verdanken, einer Wacholderart, die widerstandsfähig gegen Insektenfraß ist.

Die **Rua João Tavira** vor der Kathedrale ist Fußgängerzone. Fantasievolle Pflastermosaiken in Weiß und Schwarz zeigen eine Karavelle mit Segeln, die das Kreuz des Christusordens tragen. Mit derartigen Schiffen unternahmen die Portugiesen ihre Entdeckungsfahrten. Ein paar Schritte weiter ist eine Kompassrose zu sehen, im oberen Teil der Straße ein Ochsenschlitten, der ein Weinfass zieht, dann ein Mann in der Madeirenser Tracht mit Pluderhosen und Lederstiefeln, auf dem Kopf die *carapuça,* eine kleine Zipfelmütze. Auch Hängemattenträger sind dargestellt, die einen Kranken transportieren.

Von der Sé Catedral bergab zum Hafen wird die Fußgängerzone von beliebten Straßencafés gesäumt. Zur Linken, kurz vor der Uferstraße, erhebt sich die **Alfândega Velha** (Altes Zollamt) **K**. Das kleine Portal in der Rua da Alfândega mit verschnörkeltem Steindekor und dem portugiesischen Wappen über der Tür stammt von dem ursprünglichen manuelinischen Bau von 1519. Der Rest des Gebäudes wurde nach dem schweren Erdbeben von 1748 im barocken Stil völlig neu aufgebaut. Heute tagt hier das Regionalparlament (Rua Dr. António José de Almeida, nicht zu besichtigen).

Auf der von schmuck restaurierten Stadthäusern umgebenen **Praça Colombo L** laden Straßencafés zur Pause ein. Am oberen Rand des Platzes steht ein ockergelber Gebäudekomplex, in dessen Vorgängerbau Christoph Kolumbus 1498 einige Tage gewohnt haben soll. An der **Praça da Autonomia** münden die Flüsse Ribeira de Santa Luzia und Ribeira de João Gomes ins Meer.

Auf der anderen Seite der Flussbetten steht die zentrale Markthalle von Funchal, der **Mercado dos Lavradores M** ⭐ (Largo dos Lavradores, Mo–Do 8–19, Fr 7–20, Sa 7–14 Uhr). Die Vorderfront ziert das blau-weiße Fliesenbild eines Brunnens – Leda mit dem Schwan.

MADEIRAS MÄRKTE

- Neben dem bekanntesten Markt Madeiras, dem Mercado dos Lavradores ▸ **unten,** lohnt ein Besuch des **Mercado de Agricultura Biológica** 🔋 E5. Hier vermarkten die Biobauern Madeiras ihre Ware (westlicher Teil der Avenida Arriaga, Funchal, Mi 9–13 Uhr).

- In der Markthalle von **Câmara de Lobos** ▸ **S. 81,** dem **Mercado Municipal** in Hafennähe, geht es noch zu wie eh und je. Das Angebot an Obst und Gemüse stammt großenteils von der Insel. Schön sitzt man im Marktcafé (Rua da Carreira, So geschl.).

- Über eine besonders authentische Markthalle verfügt mit ihrem **Mercado Municipal** auch die Kleinstadt Santa Cruz. Vor allem die gut bestückte Fischabteilung sollte man sich nicht entgehen lassen, am besten am frühen Vormittag ▸ **S. 98.**

- Die **Feira do Santo da Serra** ▸ **S. 99,** der Sonntagsmarkt von Santo da Serra im Osten Madeiras, zieht Besucher von der ganzen Insel an. Frische Lebensmittel aller Art, Pflanzen, Kleidung und Haushaltswaren werden hier feilgeboten.

- In Santana kauft man auf der **Feira Agrícola** 🔋 E3 Obst, Gemüse, Honig und Backwaren direkt vom Erzeuger (Nova Praça de Santana, gegenüber vom Rathaus, Fr–So 9–18 Uhr).

So sah der alte Bauernmarkt von Funchal aus (der Brunnen steht heute im Patio des Rathauses › S. 74). Rund um den Innenhof gruppieren sich auf zwei Ebenen malerisch die Stände mit Früchten und Gemüsen. Auch Geschäfte mit Lederwaren, Wein- und Korbläden finden sich hier. Am Freitag und Samstag verkaufen auch die Bauern vom Land ihre Erzeugnisse. Im hinteren Teil des Gebäudes, eine Treppe tiefer, werden Fische gehandelt. Die Blumenverkäuferinnen tragen am Eingang zum Markt typische bunte Tracht. › mehr S. 18 Punkt ④⓪

DIE ALTSTADT

Südlich der Markthalle verläuft quer durch die **Zona Velha** (Alt-

Das Projekt »Arte das Portas Abertas« möchte Kunst und Kultur die Türen öffnen

stadt) die **Rua de Santa Maria,** die älteste Straße der Stadt. Ihr ansprechendes Kopfsteinpflaster unterstreicht den Charme der ehrwürdigen Häuser, deren Türen hier und da im Rahmen des Projekts **Arte das Portas Abertas** Ⓝ von zeitgenössischen Künstlern fantasievoll bemalt wurden. Den Beginn der Rua markiert ein großer Basaltbrunnen, der älteste seiner Art in Funchal (18. Jh.).

In der Nähe logiert im ehemaligen Elektrizitätswerk das **Museu de Electricidade – Casa da Luz** Ⓞ. Es dokumentiert die Geschichte der Elektrifizierung der Insel (Rua Casa da Luz 2, Di–Sa 10–12.30, 14 bis 18 Uhr, Fei geschl., Eintritt 2,70 €).

Weiter östlich erstreckt sich der großenteils als Rasenfläche gestaltete **Jardim do Almirante Reis.** Hier befindet sich die Talstation des **Teleférico do Funchal.** Die Seilbahn führt zum Wallfahrtsort Monte.

Im **Madeira Story Centre** Ⓟ taucht man in die wechselhafte Inselhistorie ein. Das vielseitige »Haus der Geschichte« ist didaktisch perfekt durchdacht und bezieht alle Sinne mit ein (Rua D. Carlos I 27 bis 29, www.madeirastorycentre.com, tgl. 9–19 Uhr, Eintritt 5 €).

Einfache, meist nur einstöckige Häuser, in denen vielfach Restaurants oder Kneipen eingerichtet sind, säumen – nahe der hübschen alten Fischerkapelle **Capela do Corpo Santo** – den Weg zur **Fortaleza de São Tiago** Ⓠ. Das Fort aus dem 17. Jh. wirkt mit seinen überkuppelten Türmchen und dem ockerfarbenen Putz heute recht freundlich. Die

Anlage beherbergt eine Ausstellung über das Kulturgut Madeiras. Demnächst soll hier das archäologische Inselmuseum einziehen (Rua do Portão de São Tiago, Mo–Sa 10 bis 17 Uhr, Fei geschl., Eintritt 3 €).

Etwas erhöht steht die **Igreja do Socorro** ⓡ, die Pfarrkirche der Altstadt. Die Kirche wurde nach dem Erdbeben von 1748 im Barockstil neu erbaut. Dem nahen Miradouro zu Füßen liegt die Felsbadeanlage Barreirinha (Largo do Socorro, tgl. 9–19 Uhr, im Sommer, Eintritt 2 €).

Oberhalb der Markthalle befindet sich die bekannteste Stickereifabrik von Funchal: **Patrício & Gouveia** ⓢ. So reizvoll bereits der Verkaufsraum mit den besonderen Produkten des Hauses sein mag, auf jeden Fall lohnt ein Blick in die Produktionsräume. › mehr S. 17 Punkt ㊲ Schon das Treppenhaus mit seiner knarrenden Stiege ist museumsreif. Im 1. Stock entstehen die Muster, die in der 2. Etage von Frauen mittels Schablonen auf den Stoff aufgetragen werden. In der obersten Etage erfolgt die Endfertigung. Hier wird aus den in Heimarbeit bestickten Teilen die Farbe ausgewaschen, der Stoff gebügelt und versäubert (Rua do Visconde Anadia 34, Mo bis Fr 9–13, 15–18, Sa nur Verkaufsraum 9.30–12 Uhr).

Einige Schritte weiter lädt der **Núcleo Museológico do Bordado** ⓣ, das Stickereimuseum des staatlichen Instituts für Wein, Stickerei und Kunsthandwerk (IVBAM) zur

---

💬 **FRANCISCO FRANCO – EIN MADEIRENSER IN PARIS**

Als 15-Jähriger ging Francisco Franco im Jahr 1900 nach Lissabon, um dort die Königliche Kunstakademie zu besuchen. 1909 zog es ihn nach Paris in den Kreis um Rodin, der Ausbruch des Ersten Weltkriegs aber zwang ihn zur Rückkehr nach Madeira, wo er in den folgenden Jahren vier Plastiken anfertigte, die den Einfluss der Pariser Schule verraten: das Fliegerdenkmal am Hafen von Funchal in Erinnerung an den ersten Flug Lissabon – Madeira am 22. März 1921, einen Torso, der an den Angriff eines deutschen U-Boots auf Funchal 1916 erinnert, einen flehenden Engel auf einer Grabstätte (beide auf dem Friedhof von Funchal in São Martinho) und die Zarco-Büste in Terreiro da Luta.

1919 ging Francisco Franco erneut nach Paris, wo er eine intensive Schaffensphase im Kreis um Picasso und Maillol erlebte. Nach einer Italienreise kehrte er 1926 auf die Insel zurück und gestaltete unter dem Einfluss der römischen Antike die Statue von João Gonçalves Zarco (Av. Arriaga). Ihr monumentaler Charakter wurde in den folgenden Jahrzehnten richtungweisend für Portugals Bildhauerkunst. Die Arbeiten für den »Neuen Staat« des Salazar-Regimes brachten Franco allerdings die Kritik in internationalen Künstlerkreisen ein. Bis zu seinem Tod 1955 führte er auf dem Festland noch zahlreiche Auftragsarbeiten aus.

Besichtigung wertvoller Stickereien aus dem 19. Jh. und der Zeit um 1900 ein (Rua Visconde de Anadia 44, www.bordadomadeira.pt, Mo bis Fr 9–12.30, 14–17.30 Uhr).

In der Rua João de Deus zieht das **Museu Henrique e Francisco Franco** mit dem tempelförmigen Eingang alle Blicke auf sich. Der Maler Henrique Franco (1883–1961) war der weniger bekannte der beiden Brüder Franco. Seine madeirensi-

schen Landschaften sind in warmen Tönen gehalten. Er porträtierte Bauernfamilien, Frauen und Mädchen. Weniger bodenständig präsentieren sich die Werke seines Bruders Francisco Franco (1885–1955). Er schuf Skulpturen aus Holz, Ton und Stein (Rua João de Deus 13, Mo–Fr 9.30–18 Uhr, Fei geschl.).

RATHAUSPLATZ UND OBERSTADT

An der **Praça do Município** erhebt sich die **Câmara Municipal** **V**. Das Rathaus ist am steinernen Stadtwappen mit den fünf Zuckerhüten zu erkennen. König Manuel I. hatte es Funchal 1508 verliehen. Auch die vier später hinzugekommenen Weintrauben sind Symbole der einstigen ökonomischen Säulen Madeiras. Ende des 18. Jhs. gehörte der Barockbau Joana Teresa de Carvalhal Esmeraldo, der Schwester des gleichnamigen Grafen und reichsten Mannes der Insel. Die Familie verkaufte ihren Palast 1883 an die Stadt. Diese ließ den wuchtigen Turm um ein Stockwerk erhöhen – um die Macht des Stadtrats zu demonstrieren, denn damit überragte er alle Gebäude, bis auf die Kathedrale. Während der Bürozeiten ist der Patio frei zugänglich. Prächtiges Fliesendekor säumt die Wände, in der Mitte steht der ehemalige Marktbrunnen › S. 71. Die Innenräume des Rathauses sind im Rahmen von Führungen zu besichtigen (www.cm-funchal.pt, Mo–Fr jeweils um 11 Uhr, Eintritt 3,50 €).

Beherrscht wird der Rathausplatz von der **Igreja do Colégio** mit dem

---

👍

FUNCHALS SCHÖNSTE CAFÉS

• Intellektuelle und Weltenbummler geben sich im **Café do Teatro** ein Stelldichein. Am Abend sorgen DJs oder Live-Auftritte für Stimmung (Av. Arriaga, tgl. 8–1 Uhr).

• Gleich nebenan sitzt man auf der Terrasse des **Ritz Madeira** in der Fußgängerzone mit Blick auf den Stadtpark und genießt tagsüber Kaffee und Kuchen, abends einen Cocktail (Av. Arriaga 33, www.the ritzmadeira.com, tgl. 9–24 Uhr).

• In der Fußgängerzone bei der Kathedrale gilt das **Apolo** als wahre Institution. Innen kühles Ambiente im Art-déco-Stil, draußen ein Straßencafé zum Sehen und Gesehenwerden (Rua Dr. J. Almeida 21, tgl. geöffnet).

• Schicker Treffpunkt am Rathausplatz ist das **Museu Café** unter den Arkaden des alten Bischofspalasts (Praça do Município, Mo bis Do 8.30–22, Fr 8.30–24, Sa 9–24 Uhr).

Jesuitenkolleg. Seit 1567 unterrichteten die Jesuiten die männlichen Sprösslinge reicher Familien. Heute ist ein Teil der Universität hier untergebracht. › mehr S. 15 Punkt ㉓ Die barocke Kirche (17. Jh.) zieren an der Fassade die Marmorfiguren von Jesuitenheiligen, links unten die des Ordensgründers Ignatius von Loyola. Innen beeindruckt sie durch schier überbordende barocke Bemalung und goldverzierte Altäre (Praça do Município, www.igrejado colegio.com, Mo, Do/Fr 10–18, Di 10–20.15, Mi 10–21, Sa 15–18, So 9–13, 18.30–20.30 Uhr, Eintritt frei). Von der Rua dos Ferreiros gelangt man in einen der beiden Kreuzgänge der Jesuiten. Dort gibt es ein Selbstbedienungscafé mit gemütlichem Mobiliar unter Arkaden. › mehr S. 18 Punkt ㊴

An der Südseite begrenzt der alte **Bischofspalast** (18. Jh.) die Praça do Município. Heute residiert darin das **Museu de Arte Sacra** ⓦ. In der 1. Etage fällt unter den zahlreichen Kirchenschätzen aus Silber ein vergoldetes Prozessionskreuz auf, das die beachtliche Höhe von 1,27 m hat. König Manuel I. schenkte es Anfang des 16. Jhs. der Kathedrale von Funchal. Besonders beeindruckt die Sammlung flämischer Ölgemälde im 2. Stock. Großgrundbesitzer und Händler erwarben sie im 15./16. Jh. in Flandern von dem Erlös des dort sehr begehrten Zuckers. Einst zierten die Bilder Dorfkirchen und Privatkapellen, so das Gemälde aus Madalena do Mar mit den Heiligen Anna und Joachim in prachtvollen mittelalterlichen Ge-

wändern. Sie tragen angeblich die Züge Heinrichs des Deutschen und seiner Gemahlin › S. 133 (Praça do Município/Rua do Bispo 21, www. museuartesacrafunchal.org, Di–Sa 10–12.30, 14.30–18, So 10–13 Uhr, Fei geschl.).

In einem prunkvollen Barockpalast, der einst der reichsten Familie Madeiras, den Grafen Carvalhal, gehörte, zeigt das **Museu de História Natural do Funchal** ⓧ die Inselfauna in Form von zahllosen Tierpräparaten (Rua da Mouraria 31, Di–Fr 10–18, Sa, So 12–18 Uhr, Eintritt 3,80 €). › mehr S. 15 Punkt ㉔

Die Calçada de Santa Clara führt bergauf zur **Casa-Museu Frederico de Freitas** ⓥ. Das Herrenhaus aus dem 17. Jh. beherbergt die Sammlung seines letzten Bewohners, Dr. Frederico de Freitas. Hunderte von Objekten sind zu bestaunen, darunter Zuckerkistenmöbel › S. 45 sowie Stiche und Zeichnungen aus dem 19. Jh. Der herausragenden Fliesensammlung des Museums ist die eigens errichtete **Casa dos Azulejos** gewidmet (Calçada de Santa Clara 7, Di–Sa 10–17.30 Uhr).

Weiter oberhalb liegt die **Quinta das Cruzes** ⓩ. Hier ließ sich im 15. Jh. der Inselentdecker Zarco nieder. Das Herrenhaus wurde jedoch erst nach dem Erdbeben von 1748 im Barockstil erbaut. Zauberhaft ist der tropische Park, verborgen hinter hohen Mauern. Er strahlt Ruhe inmitten der Hektik der Stadt aus. Es gibt Sitzbänke und eine Orchideenzucht. In einer kleinen archäologischen Freilichtabteilung stehen Wappensteine und Grabplat-

Plastische Figuren zieren einen Basaltrahmen des 16. Jhs. auf der Quinta das Cruzes

ten, Weihwasserbecken und Basaltkreuze, die beim Abriss historischer Bauten gerettet wurden.

Zwei Fensterrahmen, fantasievoll mit Rankenwerk, dämonischen Figuren und verknoteten Tauen verziert, sind Beispiele des manuelinischen Stils. Sie stammen aus dem nicht mehr existierenden Hospital von Funchal. 1515 in einem erstaunlich repräsentativen Stil errichtet, sollte es erkrankte Seefahrer aufnehmen. Die Quinta das Cruzes beherbergt auch ein Museum. Neben Gemälden und Porzellan sind Zuckerkistenmöbel › S. 45 zu bewundern (Calçada do Pico 1, Park tgl. 10–18 Uhr, Eintritt frei, Museum Di–So 10–12.30, 14–17.30 Uhr, Eintritt 3 €, So frei, www.museu quintadascruzes.com).

IM HOTELVIERTEL

Von der Praça do Infante nach Westen verläuft die Avenida do Infante, die in die Estrada Monumental übergeht, entlang unzähliger Hotels. Oberhalb des Hotels Quinta do Sol liegt die **Quinta Magnólia** (Rua do Dr. Pita, Eintritt frei) mit ihrem weitläufigen Park, in dem Baumriesen aus dem 19. Jh., u. a. auffällig viele Palmen, stehen. Darin eingebettet sind verschiedene Sportanlagen. Nach seiner Renovierung wird das Anwesen vermutlich 2019 wiedereröffnet. Dann soll es hier ein Restaurant, ein Gartencafé und eine Kunstgalerie für Wechselausstellungen geben. › mehr S. 14 Punkt ⓱

Noblesse des alten Stils prägt das legendäre **Reid's Palace Hotel**. Heute gibt sich hier zwar nicht mehr die Prominenz aus Politik und Showbusiness ein Stelldichein, doch kann man sich noch immer bei Sandwich oder Kuchen mit Tee von der gediegen britischen Atmosphäre verzaubern lassen und den herrlichen Blick von der Terrasse genießen (Estrada Monumental 139, Teegedeck 35,50 €, zur Teatime möglichst einige Tage vorab anmelden unter www.reidspalace.com). Angemessene Kleidung erwünscht.

Im Westen schließt sich der moderne Teil des Hotelviertels an. Um die **Praça do Gorgulho** konzentrieren sich Boutiquen, Supermärkte und Restaurants. In der Nähe liegt die Felsbadeanlage **Lido** (Sommer tgl. 8.30–20, Winter 9–18 Uhr, Eintritt 5 €). › mehr S. 17 Punkt ㉟

Eine lange Uferpromenade führt, vorbei an einer weiteren Badeanlage, zur **Ponta da Cruz.** Wunderbare Entspannung bieten dort in den Küstenfelsen die Naturpools und Liegeflächen der **Doca do Cavacas** (Poças do Gomes).

Durch einen Fußgängertunnel oder mit dem Auto über die Küstenstraße ist die grobkiesige **Praia Formosa** zu erreichen, der mit 800 m längste Inselstrand. Am Ostrand stehen Hotels, im Westen befindet sich eine Badezone mit Strandbars, sanitären Einrichtungen und Liegenverleih. › mehr S. 12 Punkt ❽

INFO

Posto de Turismo
Informationsstelle der Inselregierung.
• Av. Arriaga 16 | Funchal
Tel. 291 211 902 | www.visitmadeira.pt
Mo–Fr 9–20, Sa, So, Fei 9–15.30 Uhr

Posto Municipal de Turismo
Infokiosk der Stadt.
• Praça do Povo | Funchal
www.visitfunchal.pt
Mo–Fr 9–12.30, 14–17 Uhr

HOTELS

Reid's Palace Hotel €€€
Nobles Traditionshotel in privilegierter Lage an der Felsküste, mit Terrassengarten, Pools und Zugang zum Meer. Moderner Spabereich. Teatime › S. 76.
• Estrada Monumental 139 | Funchal
Tel. 291 717 171
www.reidspalace.com

Albergaria Dias €€
Günstig für Stadterkundungen, doch ruhig liegt dieses überschaubare Haus am Rand der Altstadt. Schöner, nach Süden blickender Garten mit Pool.
• Rua Bela de São Tiago 44 B | Funchal
Tel. 291 206 680
www.albergariadias.com

Pestana Palms €€
Extravaganter Rundbau an der Felsküste neben dem Lido-Bad, regelmäßig für die Qualität des Angebots ausgezeichnet. Auf dem Gelände eines alten Herrenhauses, in dem eine gemütliche Bar zu Mußestunden einlädt.
• Rua do Gorgulho 17 | Funchal
Tel. 291 709 200 | www.pestana.com

Quinta da Penha de França €€
Das alte Madeira blieb in einem früheren Herrenhaus inmitten eines weitläufigen Parks mit dezenten Neubauten lebendig. Direkter Meereszugang.
• Rua Imperatriz D. Amélia 85 | Funchal
Tel. 291 204 650
www.penhafrancahotels.com

Apartamentos São Paulo e Alegria €
Moderne Ferienwohnungen für Selbstversorger, denen eine zentrale Lage und Kontakt zu Einheimischen wichtiger sind als Luxus. Mit Dachterrasse, Restaurant.
• Rua Pimenta Aguiar 2 | Funchal
  Tel. 291 741 931 | www.apartamentossao
  pauloealegria.com

RESTAURANTS

O Barqueiro €€€
Angesagtes Lokal für Köstlichkeiten aus dem Meer. Die riesigen Portionen sind kaum zu bewältigen. Reservieren!
• Ponta da Cruz | Funchal
  Tel. 291 765 226
  www.marisqueiraobarqueiro.pt

Casa Madeirense €€
Ein Dauerbrenner, was regionale Spezialitäten betrifft (z. B. Schweinefleisch in Wein und Knoblauch). Folkloristische Einrichtung, aber die Qualität stimmt.
• Estrada Monumental 153 | Funchal
  Tel. 291 766 700
  www.casamadeirense-funchal.com

Marina Terrace €€
Das geräumige Lokal am Jachthafen mit den schönen Fliesenbildern an der Wand ist auf Fisch und Meeresfrüchte aus frischem Fang spezialisiert.
• Marina do Funchal | Funchal
  Tel. 291 230 547

O Regional €€
Hier wird eine gehobene Inselküche gepflegt, mit *espetada* und Rindersteak in Madeirawein-Soße, aber auch sehr guten Meeresfrüchte-Gerichten. Behagliche Atmosphäre. › **mehr S. 13 Punkt** **12**
• Rua de D. Carlos I. 54 | Funchal
  Tel. 291 232 956

Jardim das Flores €
Das Lokal gefällt durch seine ruhige Lage am Stadtgarten. Auf der Terrasse schmecken regionale Spezialitäten mit Pfiff.
• Rua Ivens 10 | Funchal | Tel. 291 225 234

SHOPPING

Oliveiras und Abreu & Araújo
Gegenüber der Kathedrale haben die beiden Stickereimanufakturen ihren Sitz. Mehrere Geschäfte bieten dort hochwertige, handgearbeitete Madeira-Stickerei an.
• Rua dos Murças 2 und 12 | Funchal
  www.bordado-madeira.com
  www.abreuearaujo.com

Barros & Irmãos
Die kleine Werkstatt in der Altstadt fertigt noch von Hand die typischen Lederstiefel *(botas)* für die Tracht.
• Rua Portão de São Tiago 22 | Funchal

Casa do Turista
Hier wird Kunsthandwerk von Madeira und aus Portugal (u. a. Stickerei, Keramik) ansprechend präsentiert.
• Avenida do Infante 32 | Funchal
  Tgl. 9.30–19 Uhr

Ourivesaria Eva
Die Adresse für fein gearbeitete *filigranas,* den traditionellen Goldschmuck Portugals.
• Rua do Aljube 33 | Funchal

NIGHTLIFE

Casino da Madeira
Unterhaltung mit Tanzshows Do/Fr im Casino-Restaurant **Bahia** (Buchung über www.pestana.com). Abgetanzt wird in der angeschlossenen **Discoteca Copacabana** (Fr, Sa, vor Fei 23–4 Uhr). Im Casino kann man (ab 18 Jahre, Ausweiskontrolle) bei Roulette, Black Jack & Co. sein Glück versuchen.

Die Wanderung vom Pico do Arieiro zum Pico Ruivo bietet weite Panoramablicke

• Av. do Infante | Funchal
Tel. 291 140 424
www.casinodamadeira.com
So–Do 15–3, Fr, Sa 16–4 Uhr

Sabor a Fado
In der schummrigen Altstadtkneipe ist
authentischer Fado zu hören.
• Travessa das Torres 10 | Funchal
Tgl. 19.30–2 Uhr

Hole in One
Biergarten im irischen Stil, stets gut be-
sucht. Am Wochenende oft Livemusik.
• Estrada Monumental 238 A | Funchal
Tgl. 10–2 Uhr

AUSFLÜGE VON FUNCHAL

TERREIRO DA LUTA ▣ E5 UND PICO DO ARIEIRO ▣ E4

An der Straße ER 103 löst oberhalb
von Monte › S. 85 bald Akazienwald
die Besiedlung ab. Im Frühjahr be-
stechen die aus Australien stam-

menden Bäume mit ihrer gelben, an
Mimosen erinnernden Blütenpracht. Oft verhüllt hier dichter Nebel die Hänge, während in Funchal
die Sonne scheint.

Beim Weiler **Terreiro da Luta** ▣ **2**,
der unvermittelt im Wald auftaucht,
steht noch die Bergstation der
Zahnradbahn, die ab 1912 bis in die
1940er-Jahre über Monte hierher
verkehrte. Heute werden darin
Hochzeitsfeiern und andere gesell-
schaftliche Ereignisse ausrichtet.

Einige hundert Meter weiter erhebt sich an der Abzweigung der
ER 201 (Richtung Camacha) das
Denkmal der **Nossa Senhora da
Paz,** der Madonna des Friedens, auf
einem Podest aus kleinen Basaltstei-
nen. Im Ersten Weltkrieg hatte Portugal auf Veranlassung Großbritanniens alle deutschen Besitztümer
beschlagnahmt. Deutschland erklärte daraufhin 1916 Portugal den
Krieg, und ein deutsches U-Boot
versenkte im Hafen von Funchal ein

französisches Kriegsschiff. Darüber geriet die Bevölkerung in Angst und Schrecken und zog in einer großen Bittprozession nach Monte. Der Pfarrer legte während der Messe das Gelübde ab, nach Kriegsende in Terreiro da Luta ein Denkmal für die Madonna zu errichten. Aus Spenden finanziert, konnte das Werk 1927 vollendet werden. Den Fuß des Denkmals umgibt die rostige Ankerkette des Kriegsschiffs, auf die dickes Basaltgeröll gleich einem riesigen Rosenkranz aufgefädelt ist.

Beim Forsthaus Ribeira das Cales liegt der Eingang zum **Parque Ecológico do Funchal** (Ökologischer Park) **3**. Man kann einen 600 m langen Abstecher zum Aussichtsberg **Pico Alto** machen (1129 m, ausgeschildert) oder rechts vom Forsthaus auf einer schmalen Straße zur Ebene **Chão da Lagoa** fahren (ca. 6 km), dabei wechselnde Panoramen genießen und auf einem der Picknickplätze eine Rast einlegen. Beide Straßen sind zwischen 8.30 und 19 Uhr geöffnet.

An der Passhöhe **Poiso** zweigt eine Stichstraße zum **Pico do Arieiro** **4** **2** ab. Sie windet sich zu dem mit 1818 m dritthöchsten Gipfel Madeiras hinauf. Schlagartig ändert sich die Landschaft. Heidegebüsch, Heidelbeersträucher und Farne bedecken die Hänge, Schafe springen ab und zu über die Straße.

Sobald links unterhalb der Straße eine dunkle Steinkuppel auftaucht, lohnt ein Stopp. Bei dem fensterlosen Gebäude handelt es sich um den **Poço da Neve** (»Schneebrunnen«). In einen tiefen Schacht im vor Sonnenstrahlen gut geschützten Inneren wurde früher der winterliche Schnee gestopft, der zu Eis kristallisierte. In den warmen Monaten trug man das tiefgekühlte Eis nach Funchal hinunter, um dort damit Speisen und Getränke zu kühlen.

Vom Parkplatz auf dem Pico do Arieiro sind es nur ein paar Schritte zur Gipfelsäule mit Panoramablick über Berge, Wolken und Atlantik. Das imposante Besucherzentrum neben der NATO-Radarstation beherbergt das **Centro Freira-da-Madeira** mit einer Ausstellung zum seltenen Madeira-Sturmvogel, der rund um den Pico do Arieiro brütet (unregelmäßig geöffnet). In der Gipfelbar wird eine der besten Ponchas Madeiras gemixt › S. 55.

GIPFELWANDERUNG AM PICO DO ARIEIRO

Der kunstvoll angelegte, anspruchsvolle **Wanderweg PR 1** verläuft vom Pico do Arieiro zum **Pico Ruivo** › S. 115. Wenn die Wolken aufreißen, bietet sich auf der Tour eine spektakuläre Sicht auf schroffe Spitzen und senkrechte Felswände. Eine gute Kondition, absolute Trittsicherheit und festes Schuhwerk sind unabdingbar. Die kürzere Variante führt hohe Steinstufen hinab, dann durch zwei Tunnel. Ein durch Bergsturz zerstörter Wegabschnitt muss auf einer recht abenteuerlichen Umleitung mit Metallleitern und steilen Erdtreppen umgangen werden. Zuletzt geht es noch etwa 300 Höhenmeter in Serpentinen aufwärts (Dauer 3–3,5 Std., Taschenlampe nützlich).

Als **Alternative** kommt der »Treppenweg« infrage: An der Gabelung zwischen den beiden Tunneln rechts abzweigen, dann kräftezehrend über einen Sattel am gezackten **Pico das Torres** wandern und über die o. g. Umleitung weiter (Dauer etwa 4–4,5 Std.).

Vom Pico Ruivo steigt man in 1 Std. zur **Achada do Teixeira** ▸ S. 115 ab und lässt sich dort von einem Taxi abholen.

AUSSICHTSPUNKTE

Wer sich quasi nur ein wenig die Füße vertreten möchte, kann vom Pico do Arieiro entweder auf dem PR 1 bis zum ersten Aussichtspunkt, dem **Miradouro do Ninho da Manta** laufen (mit Rückweg ca. 45 Min.) oder an der Radarstation vorbei und über eine Wendeschleife hinweg den Weg zum **Miradouro do Juncal** einschlagen, eine Aussichts-

kanzel mit Blick tief ins Tal von Fajã da Nogueira (einschl. Rückweg ca. 20 Min.).

CÂMARA DE LOBOS 5
▮ D5 UND UMGEBUNG

Die Küstenstadt (18 000 Einw.) ist mit Funchal durch eine Fußgängerpromenade am Meer verbunden. Sie besitzt einen urigen alten Ortskern. Bunt bemalte Holzboote liegen, sofern sie nicht auf See sind, in der geschützten Bucht vor Anker oder werden auf den Strand gezogen. Am Ufer reparieren die Männer ihre langen Angeln, mit denen sie den Degenfisch *(espada)* fangen. In der Fischerkapelle **Nossa Senhora da Conceição** am Hafen schmücken barocke Ölgemälde mit Szenen aus dem Leben des hl. Pedro Gonçalves Telmo, des Schutzheili-

Wanderer folgen den markierten Wegen

gen der portugiesischen Schiffer, die Wände.

Schon 1430 wurde die **Igreja São Sebastião** als Pfarrkirche gegründet, im Barock dann neu erbaut. Das Gemälde der Holzdecke zeigt das Martyrium des hl. Sebastian, des Patrons des Ortes.

Weinfelder sind typisch für das höher gelegene **Estreito de Câmara de Lobos** 6 D5. In dem großen Bauerndorf (10 000 Einw.) ist eigentlich nicht viel los, wäre da nicht der beliebte Sonntagsmarkt. Richtig zum Leben erwacht Estreito bei der Weinlese im September. Deren Höhepunkt ist die Festa do Vinho Madeira. › mehr S. 12 Punkt 6

Weiter in den Bergen, eingebettet in Kirschbaumplantagen, liegt die Gemeinde **Jardim da Serra**. Hier errichteten wohlhabende englische Weinhändler im 19. Jh. ihre Sommervillen, allen voran Konsul Henry Veitch, dessen von einem romantischen Park umgebene Quinta heute ein Hotel ist. Eine schmale Straße führt von Jardim da Serra durch Kastanienwald aufwärts zur **Boca da Corrida**, einem Sattel mit Blick ins Nonnental.

HOTELS

Quinta do Estreito €€
Der wunderbare Garten und ein Traumblick über das Bananen- und Weinbaugebiet von Câmara de Lobos sind Pluspunkte des vornehmen Hotels. Die Gästezimmer liegen in einem modernen Flügel. Das feine Restaurant Bacchus ist in der alten Gutsvilla.

💬 DEGENFISCH AUS DER TIEFSEE

Der Schwarze Degenfisch *(espada preto)* ist eine Spezialität der Fischer von Câmara de Lobos, die nachts mit offenen Booten *(espadeiros)* einige Kilometer hinausfahren und an Bojen ihre 1–2 km langen Angelleinen versenken. Der untere Teil ist dicht mit Schnüren besetzt, mit Haken an den Enden. Als Köder dienen Tintenfisch oder Makrele. Am Tag hält sich der Degenfisch in 2000 m Meerestiefe auf. Nachts schwimmt er bis auf ca. 600 m hinauf und ist dann einfacher zu fangen. Am Morgen können die Fischer mit Glück über hundert dieser Tiere heraufziehen. Mitte des 19. Jhs. wurde der Fisch mit dem langen, schlanken Körper und den großen, an die Dunkelheit der Tiefsee angepassten Augen eher zufällig entdeckt, als ein Fischer eine besonders lange Leine ausgeworfen hatte. Rasch entwickelte sich der *espada* zum wichtigsten Speisefisch der Madeirenser. Auf den Tischen der Fischverkäufer präsentiert er sich glänzend schwarz. Derzeit wird etwa die Hälfte des Gesamtfangs an Schwarzem Degenfisch von Madeira aus getätigt. Der Rest verteilt sich auf Portugal (Festland), die Azoren und Dänemark. Kritik gab es wegen des nicht zu vermeidenden Beifangs von Tiefseehaien, deren Fang in EU-Gewässern wegen der Gefährdung der Bestände verboten ist. Da die Madeira-Fischer jedoch handwerklich arbeiten, haben sie eine Sondergenehmigung erwirkt.

• Rua José Joaquim da Costa
Estreito de Câmara de Lobos
Tel. 291 910 530
www.quintadoestreitomadeira.com

Vila Afonso €
Das rustikale Haus mit wenigen Zimmern
ist in ein Weingut mit eigener Kellerei integriert. Von der Terrasse schöner Blick zum
tief unten gelegenen Meer.
• Estrada João Gonçalves Zarco 574-B
Estreito de Câmara de Lobos
Tel. 291 911 510
www.hotelvilaafonso.com

RESTAURANTS
As Vides €
Bekannte Adresse für besonders gute
Espetadas (Fleischspieße).
• Rua da Achada 17 | Estreito de Câmara
de Lobos | Tel. 291 945 322

Coral €
Fangfrischer Fisch wird im Speisesaal in
einem cool gestylten Ambiente oder auf
dem luftigen Sonnendeck serviert.
• Praça da Autonomia 2
Câmara de Lobos | Tel. 291 09 82 84

NIGHTLIFE
Am Hafen von Câmara de Lobos bieten
Kneipen und Bars inseltypische Mixgeträn-
ke an. ▶ mehr S. 14 Punkt **18** Hierher
strömen am Wochenende die Nacht-
schwärmer aus Funchal.

CABO GIRÃO   7   ⭐   📖 D5

Von Osten bzw. Funchal in Richtung Ribeira Brava fahrend, verlässt
man die Schnellstraße VR1 bei der
Ausfahrt Quinta Grande und folgt
der Beschilderung zum Cabo Girão.

Vom ultramodern gestylten Aussichtspunkt fällt durch Glasschei-
ben im Boden der schwindelerregende Blick senkrecht aus 580 m
Höhe hinunter auf den Küstensaum
mit dem dunklen, kiesigen Strand.
Einige winzige Terrassenfelder kle-
ben an der Steilwand. Wer das zu
abenteuerlich findet, schaut, durch
Geländer geschützt, aus sicherer
Entfernung hinunter.

Das Cabo Girão lässt sich auch
erwandern, nämlich auf der **Levada
do Norte.** Der günstigste Einstieg
ist bei **Boa Morte,** einem Ortsteil
von Ribeira Brava ▶ S. 126. Von dort
läuft man in östlicher Richtung bis
Quinta Grande, quert dort die
ER 229 und erreicht kurz darauf
einen Levadatunnel. Davor geht es
rechts auf einer Nebenlevada weiter
bis zur Zufahrtsstraße zum Cabo
Girão und auf dieser wenige Minuten links aufwärts (Gehzeit etwa
3 Std.).

FAJÃ DOS PADRES   8   📖 D5

Einen Abstecher wert ist diese südwestlich des Cabo Girão am Fuß der
Steilküste gelegene Plantage. Die
einsame Küstenebene, auf der Mangos und andere Tropenfrüchte kul-
tiviert werden, ist nur mit einer
Seilbahn, die 250 m die Steilküste
hinuntersaust, per Hubschrauber
oder mit dem Wassertaxi (auf Anfrage in der Plantage buchbar, Tel.
291 944 538) zu erreichen. Am
Meer bieten sich Bademöglichkeiten
am Kai und ein Imbiss im Strand-
restaurant an. Auch Übernachtun-

gen in restaurierten Fischerkaten sind möglich (Zugang im Sommer Mo–Do 10–18, Fr–So 10–19, sonst tgl. 11–18 Uhr, Seilbahn 10 €, www.fajadospadres.com).

CURRAL DAS FREIRAS 9 ∎ D4

Curral das Freiras heißt wörtlich übersetzt »Stall der Nonnen«. Diesen seltsamen Namen verdankt der Ort der Tatsache, dass das sog. Nonnental einst Weideland im Besitz des Klosters Santa Clara in Funchal war. Lange Zeit war der abgelegene Talkessel, der sich meerwärts zu einer unpassierbaren Schlucht verengt, nur über halsbrecherische Bergpfade erreichbar. Dennoch ließen sich hier ab dem 19. Jh. zahlreiche Landwirte nieder, denn die klimatischen Verhältnisse gelten für den Wein- und Obstanbau als sehr günstig. In höheren, für den Ackerbau zu kühlen Lagen pflanzten sie Haine aus Edelkastanien.

Die ER 107, die einzige Zufahrtsstraße, windet sich von Funchal aus hinauf zum **Pico dos Barcelos,** einem Aussichtsgipfel am Westrand der Stadt. Später geht es durch Eukalyptuswald steil aufwärts. Dann hat man die Alternative, durch einen langen Tunnel direkt nach Curral das Freiras oder auf der alten Straße (antiga E.R.) zum Aussichtspunkt **Eira do Serrado** 3 ∎ E4 zu fahren. Dieser Abstecher eignet sich nur für schwindelfreie Autofahrer und führt zu einem Parkplatz mit großem Souvenir-Warenhaus und Café. › mehr S. 16 Punkt 32 Von hier sind es auf einem breiten Fußweg 10 Minuten zum **Miradouro.** Der Blick ins Nonnental und auf den Ort Curral das Freiras ist herrlich, doch nichts für Ängstliche, denn die Aussichtsterrasse schwebt fast 800 m senkrecht über dem Talgrund.

Wanderer können von Eira do Serrado auf einem alten Pflasterweg nach Curral das Freiras laufen (ca. 1 Std.). Er beginnt am Parkplatz und führt durch einen Kastanienhain, später durch felsiges Gelände abwärts. Autofahrer müssen von Eira do Serrado zum Tunnel zurückkehren, denn die alte, in den 1950er-Jahren mit Spitzhacken in eine Felswand gehauene Straße ist inzwischen durch Steinlawinen unbefahrbar und gesperrt.

Im Ortszentrum von **Curral das Freiras** (2000 Einw.) gibt es Restaurants, Bars und Andenkengeschäfte. Ein oder zwei Marktstände stehen auf dem modern mit schönem Pflastermosaik gestalteten Hauptplatz. Unterhalb erhebt sich die Kirche Nossa Senhora do Livramento aus dem 19. Jh. Ein Höhepunkt im Dorfleben ist das viel besuchte Kastanienfest am 1. November, wenn Maronen überall an Straßenständen geröstet werden. Die Straße nach Curral das Freiras ist dann am Nachmittag hoffnungslos verstopft.

HOTEL

Estalagem Eira do Serrado €
Das Berghotel beim Miradouro ist vor allem bei Wanderern beliebt. Die Zimmer sowie das hauseigene Restaurant bieten einen grandiosen Ausblick.

• Curral das Freiras | Tel. 291 710 060
www.eiradoserrado.com

RESTAURANT
Vale das Freiras €
Eines von mehreren Restaurants im
Ortszentrum, die Maronenspezialitäten an-
bieten: Kastaniensuppe, Kuchen, Likör. Die
Sonnenterrasse ist ein herrlicher Rastplatz
für Wanderer.
• Curral das Freiras | Tel. 291 712 548

MONTE 10 ⭐ 4 ▮ E5

Der Villenort (6700 Einw.) ist eine
Welt für sich. Wohlhabende englische Weinhändler errichteten hier
im 18./19. Jh. Sommerhäuser, um in
das frische Klima hoch über der
Stadt entfliehen zu können. Sie um-
gaben ihre Quintas mit prächtigen
Gärten. Früher fuhr eine Zahnradbahn von Funchal nach Monte und
weiter bis Terreiro da Luta ▶ S. 79.
Heute erreichen die meisten Besucher Monte mit der Seilbahn, entweder von der Zona Velha in
Funchal ▶ S. 72 oder vom Jardim
Botânico ▶ S. 88 aus. Die Bergstatio-
nen beider Bahnen sind in Monte in
der Nähe des **Largo das Babosas**.

Unweit dieses Platzes verlockt
der bezaubernde **Jardim Tropical
Monte Palace,** durch üppiges Grün
zu streifen. Einst gehörte der Park
zum Hotel Monte Palace. In der
ersten Hälfte des 20. Jhs. ließen sich
die gut situierten Gäste über den
Schwanenteich rudern, den eine
winzige Festung bewacht. Der
Baumbestand ist einzigartig. Der
heutige Besitzer Joe Berardo er-
gänzte ihn um zahlreiche botani-

sche Kostbarkeiten. Im Frühjahr
blühen Azaleen, im Sommer setzen
Clivien farbliche Akzente. Über-
reich sind die aus Südafrika und
Asien stammenden Palmfarne (Cy-
cas) vertreten (Caminho das Babosas 4, www.montepalace.com, tgl.
9.30–18 Uhr, 25.12. geschl., Eintritt
12,50 €, Plan an der Kasse).

Zwei romantische asiatische Gärten mit winzigen Tempeln, Pagoden
und Buddha-Figuren bilden den
Kern des Parks. Einer steigt vom
Schwanenteich durch ein schattiges
Tal an, wo sich ein Bach zu Tümpeln
staut und in Grotten plätschert. Der
andere erstreckt sich terrassenför-
mig unterhalb des ehemaligen Hotels. Eine beachtliche Sammlung
von Azulejos, alten Steinmetzarbeiten und chinesischen Vasen verteilt
sich über den Park. Ein **Museum**
(tgl. 10–16.30 Uhr) zeigt riesige Mi-
neralien und afrikanische Stein-
skulpturen. Ein Glas Madeirawein
in der Cafeteria im unteren Garten-
teil ist im Eintrittspreis inbegriffen!

SHOPPING
Der **Monte Palace Shop,** am Eingang des
Jardim Tropical Monte Palace bei der Bergstation der Teleféricos da Madeira, bietet
ein vielseitiges und exklusives Angebot an
Souvenirs: feines Madeira-Gebäck, Schreib-
blocks mit Gartenmotiven, Blumenbücher
und mehr.

Eine schmale Straße führt oberhalb
des Jardim Tropical Monte Palace
zu den berühmten **Carros de Cesto**
(Korbschlitten ▶ S. 86). Sie warten
auf Touristen, die sich von hier aus
nach Livramento (auf halbem Weg

zur Innenstadt) fahren lassen wollen (Caminho das Babosas, Tel. 291 783 919, Preise: 15 €/Pers., 25 € wenn man alleine fährt, Betriebszeiten Mo–Sa 9–18 Uhr, nicht 1.1., Karfreitag, 14./15.8., 25.12.).

Über Treppenstufen steigt man von der Korbschlitten-Bergstation steil bergauf zur **Igreja Nossa Senhora do Monte** (Mo–Sa 9.30 bis 18 Uhr, So und während einer Messe keine Besichtigung, Eintritt frei). Die imposante Wallfahrtskirche wurde im 19. Jh. erbaut. Im 16. Jh. soll oberhalb von Monte, in Terreiro da Luta, ein Hirtenmädchen eine Marienerscheinung gehabt haben. Als sie ihren Eltern davon erzählte,

glaubten sie ihr nicht. Doch das Ereignis wiederholte sich mehrfach, also ging der Vater heimlich hinterher, um den Wahrheitsgehalt der Geschichte zu überprüfen. Zwar offenbarte sich ihm die Madonna nicht, doch fand er eine Marienfigur, der zu Ehren der Pfarrer von Monte zunächst eine Kapelle errichten ließ.

Als im Jahr 1803 nach langem Dauerregen die Flüsse in Funchal über die Ufer traten und schwere Schäden anrichteten, die auch Menschenleben forderten, erbaten die Stadtbewohner Hilfe von der Jungfrau von Monte. Der Regen ließ nach, und die Ratsherren erklärten

---

💬 BERÜHMTE SCHLITTENFAHRT

Wer würde auf Madeira das Erlebnis einer Korbschlittenfahrt > S. 85 versäumen wollen? Sogar die Passagiere der Kreuzfahrtschiffe, die nur für wenige Stunden nach Funchal kommen, lassen sich meist nach Monte hinauffahren, um von dort in schneller Fahrt die steilen Straßen hinab bis zum Stadtrand zu gleiten. Jeweils zwei Männer, bekleidet mit weißen Hosen und Hemden und dem als »Kreissäge« bekannten Strohhut, lenken das mit geschmierten Holzkufen ausgestattete Gefährt, dessen gepolsterte Sitze erstaunlich bequem sind. Sie ziehen nach Bedarf an Seilen oder bremsen an steileren Stellen mit ihren robusten Lederstiefeln.

1849 wurden die Schlitten eingeführt, nachdem sich Pferdewagen auf dem steilen Weg nach Monte als zu unpraktisch erwiesen hatten. Hinauf ging es gemächlich zu Pferd oder in der Sänfte, hinab rasant im Schlitten. Die auf der Welt wohl einmaligen Fahrzeuge genossen bald einen solchen Ruf, dass sie von Anfang an eine Touristenattraktion waren. Nur in Russland, im Ural, soll es ähnliche geben, doch mit Rädern statt mit Kufen. Sogar Jules Verne hat die Korbschlitten Madeiras in einem seiner Werke beschrieben. Früher saß man zu zehnt in damals noch recht unbequemen Gefährten, gesteuert von sechs Fahrern. Heute ist alles einfacher und professioneller geworden. Zwei oder drei Personen finden in den gepolsterten Schlitten Platz, diese müssen nicht mehr auf dem Rücken nach Monte zurückgetragen werden, sondern ein Lkw fährt sie hinauf.

die Madonna zur Schutzheiligen der Diözese Funchal.

Seither wird die Madonna von Monte von der Bevölkerung verehrt. Die kleine Figur thront in einem kostbaren silbernen Schrein auf dem Hauptaltar.

Die **Wallfahrt nach Monte** an Mariä Himmelfahrt (15. August) ist das wichtigste Patronatsfest Madeiras. Der Prozession geht in den Tagen davor eine große Kirmes mit Feuerwerk voraus. In der Wallfahrtskirche wurde Österreichs letzter Kaiser, Karl von Habsburg, beigesetzt. Er ging 1921 ins Exil nach Madeira, eine Folge des Ersten Weltkriegs. Am 1. April 1922 starb er, knapp 35 Jahre alt, in Monte.

Mittelpunkt von Monte ist der **Largo da Fonte**. Den Platz ziert ein marmorner Pavillon um die Fonte, die Quelle. Am Largo befindet sich auch der ehemalige Bahnhof der Zahnradbahn.

Die **Quinta Jardins do Imperador**, in der Karl von Habsburg seine letzten Lebenswochen verbrachte, ist von der Straße nach Funchal unterhalb des Largo da Fonte ausgeschildert. Der wildromantische Garten ist zu besichtigen. Das Haus brannte 2016 aus und wartet auf die Renovierung (Caminho do Pico, Mo–Sa 9.30–17.30, So/Fei 10.30 bis 17.30 Uhr, Eintritt 6 €). › mehr S. 15 Punkt ㉕

Majestätische Bäume werfen ihren Schatten auf lauschige Pfade. Im barocken Malakof-Garten gruppieren sich Rosenbeete symmetrisch um einen Marmorbrunnen und einen kleinen Aussichtsturm. Über

Wallfahrtskirche Nossa Senhora do Monte

gewaltige Drachenbäume hinweg schweift der Blick vom Park über die Bucht von Funchal. › mehr S. 16 Punkt ㉗

HOTEL

Quinta do Monte €€
Charmante alte Villa mit modernem Anbau und Restaurant in einem Park mit imposanten Bäumen.
• Caminho do Monte 192–194
Monte | Tel. 291 780 100
www.quintadomontemadeira.com

RESTAURANT

Café do Parque €
Auf dem lauschigen Dorfplatz kann man in Ruhe einen Drink oder regionale Gerichte genießen. Im Haus werden Souvenirs verkauft, u. a. Korbwaren, Keramik.
• Largo da Fonte | Monte
Tel. 291 782 880

FUNCHALS SCHÖNSTE GÄRTEN

Der Botanische Garten in Funchal mit Blick auf die Stadt und das Meer

Madeiras subtropische Blütenfülle zieht jeden in ihren Bann – sei es beim Besuch der Parks oder beim Blick in hinreißend schöne Privatgärten. Die Inselbewohner hegen und pflegen ihre Gewächse, verdanken die grüne Pracht allerdings auch dem milden Klima. Portugiesische Seefahrer und englische Weinhändler brachten Raritäten aus aller Welt mit.

JARDIM BOTÂNICO

Der einstige Wohnsitz der Hoteliersfamilie Reid aus dem 19. Jh. gibt den stilvollen Rahmen für den Botanischen Garten ab. Hier gedeihen zahlreiche tropische und subtropische Pflanzen. Auf einem Spaziergang zwischen Springbrunnen, Teichen und Vogelvolieren wird die Zeit lebendig, als die britischen Ladys idyllische Teestunden im Park verbrachten. In Themengärten gedeihen exotische Obstbäume und die madeirensische Wildflora, aber auch Sukkulenten und Palmen aus aller Welt. Von mehreren Aussichtskanzeln aus schweift der Blick über die Bucht von Funchal (Caminho do Meio, tgl. 9–18 Uhr, Eintritt 5,50 €).

QUINTA DA BOA VISTA

Auf dem Gelände eines Landguts aus dem 18. Jh. betreibt die englische Familie Garton eine Orchideenzucht. Besucher können die Gewächshäuser und eine Ausstellung preisgekrönter Raritäten anschauen (Lombo da Boa Vista, Mo–Sa 9–18 Uhr, Fei geschl., Eintritt Feb. bis Mai 4,50 €, sonst 2,50 €).

QUINTA PALMEIRA

Ebenfalls in britischem Privatbesitz befindet sich dieses Anwesen, dessen gepflegter Garten an zwei Wochentagen zu besichtigen ist. Die auf einem Bergrücken am oberen Stadtrand von Funchal gelegene Anlage zeichnet sich durch eine beeindruckende Sammlung von Palmen und anderen exotischen Pflanzen aus. Gewundene Pflasterwege führen durch den Park. Hauptattraktion ist ein frei aufgestelltes Fenster, das aus dem »Kolumbushaus« › S. 71 stammen soll, einem im 19. Jh. abgerissenen Gebäude in Stadtzentrum, in dem der Entdecker bei seiner dritten Atlantiküberquerung 1498 angeblich abgestiegen ist (Rua Levada de Santa Luzia 31, Di und Mi 10–16 Uhr, Eintritt 5 €).

PALHEIRO GARDENS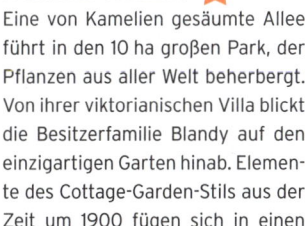

Eine von Kamelien gesäumte Allee führt in den 10 ha großen Park, der Pflanzen aus aller Welt beherbergt. Von ihrer viktorianischen Villa blickt die Besitzerfamilie Blandy auf den einzigartigen Garten hinab. Elemente des Cottage-Garden-Stils aus der Zeit um 1900 fügen sich in einen englischen Park ein.

Im Senkgarten (Sunken Garden) wurden Hecken zu fantasievollen Gebilden geschnitten. Die aus Südafrika stammende Mutter des jetzigen Besitzers legte ihn in den 1930er-Jahren an. Sie importierte auch Proteas aus ihrer Heimat. Azaleen und Rhododendren gedeihen an den Ufern des Baches. Die Barockkapelle stammt aus der Zeit, als Graf Carvalhal vor rund 200 Jahren den Garten als Jagdrevier anlegen ließ. Durch einen Laubengang erreicht man den prächtigen Damengarten. Am unteren Rand der Gärten lädt das Tea House mit feinem Kuchenbuffet zur Pause ein (Anfahrt mit dem Auto über die ER 205 Funchal–Camacha, www.palheirogardens.com, tgl. 9–17.30 Uhr, 1.1., Karfreitag, 1. Mai, Weihnachten geschl., Eintritt 11 €).

Die vier Parks sind ab der Avenida do Mar in Funchal bequem mit Stadtbussen zu erreichen. Jardim Botánico/Jardim Orquídea: Linien 29, 30, 31A. Quinta da Boa Vista: Linien 31, 32. Quinta Palmeira: Linien 25, 26. Palheiro Gardens: Linien 36, 36A, 37, 47.

Gartenbesuche werden noch spannender, wenn man weiß, was man sieht. Ansprechende Beschreibungen von rund 150 Gewächsen liefert z. B. das Buch »Madeira – Was hier alles wächst« von Susanne Lipps, Oliver Breda Verlag, Duisburg 2017/2018.

Herrenhaus in den Palheiro Gardens

IM OSTEN MADEIRAS

Die Ostspitze Ponta de São Lourenço
gehört zum ältesten vulkanischen
Teil Madeiras

Geschichte erlebt man in Kleinstädten wie Machico und Santa Cruz, die Schönheit der Berge auf Levadawegen von Ribeiro Frio zum Portela-Pass. Felsig und bizarr ist die Küste der Halbinsel Ponta de São Lourenço.

In Caniço de Baixo lassen Urlauber den Tag geruhsam vorbeiziehen oder starten zu Tauchgängen im Meeresschutzgebiet. Die Kunst der Korbflechter lernt man in Camacha kennen. Die Landschaft zwischen Camacha, dem Golferort Santo da Serra und dem Portela-Pass, wo die Blütenbänder der Hortensien und Schmucklilien die Straßen säumen, bestätigt eindrucksvoll, dass Madeira den Beinamen »Blumeninsel« zu Recht trägt. In der Altstadt von Santa Cruz liegt alles nahe beisammen: die alte Wehrkirche, der kiesige Strand mit ein paar Fischerbooten, Straßencafés auf lauschigen Plätzen und kleine Geschäfte in engen Gassen. Machico, die älteste Siedlung und einstige Hauptstadt, versprüht mit netten Restaurants, Promenade und Sandstrand maritimes Flair. Die schroffen Felsen der wüstenhaften Ostspitze sind reizvolle Kulisse in dem noch ursprünglichen Fischerort Caniçal. Porto da Cruz an der Nordküste liegt nicht nur malerisch zwischen Bergen, sondern ist auch Zentrum des Weinbaus und der Verarbeitung von Zuckerrohr.

TOUREN IN DER REGION

DIE LEVADAS IM GRÜNEN MADEIRA

ROUTE: Sítio das Quatro Estradas › Portela (1. Tag); Ribeiro Frio › Portela (2. Tag)

KARTE: Seite 93
DAUER: 2 Tage; Fahrstrecken ab Caniço de Baixo 1. Tag: 52 km; 2. Tag: 71 km

PRAKTISCHE HINWEISE:
- Wanderzeit 1. Tag: 2,5 Std.; 2. Tag: 4 Std.
  Anfahrt am bequemsten per Mietwagen, dann jeweils ab Portela (Taxistand) Rückfahrt per Taxi zum Ausgangspunkt (ca. 15 € bzw. 30 bis 35 €).
- Auch mit dem Linienbus ist die Tour zu organisieren.

TOUR-START:

Am ersten Tag laufen Sie von der alten Wegkreuzung **Sítio das Quatro Estradas** › S. 99 bequem an der

Levada da Serra › S. 99 entlang durch duftende Heide- und Eukalyptuswälder, bevor Sie dann über den idyllischen Picknickplatz beim Forsthaus Lamaceiros nach **Porte-la 8** › S. 106 absteigen. Dies ist der ideale Ort, um in einem urigen Espetada-Restaurant einzukehren.

Die zweite Wanderung beginnt in **Ribeiro Frio 10** › S. 109 auf einem romantischen Weg, der gut ausgebaut und gesichert ist. Er verläuft entlang der **Levada do Furado** › S. 109 durch den unberührten Lorbeerwald **Laurissilva** › S. 109, den die UNESCO zum Weltnaturerbe erklärte.

Auch diese Route führt schließlich über Lamaceiros hinunter nach **Portela 8** › S. 106. Nur treffen Sie diesmal zur Mittagszeit am Forsthaus Lamaceiros ein, also günstig für ein Picknick inmitten eines kleinen Azaleenparks.

Urtümlicher Lorbeerwald

TOUR 4

AUF DEN SPUREN DER ENTDECKER

> **ROUTE:** Caniço de Baixo › Santa Cruz › Machico › Pico do Facho › Ponta de São Lourenço › Porto da Cruz › Caniço de Baixo
>
> **KARTE:** Seite 93
> **DAUER:** 1 Tag; Fahrstrecke 81 km
> **PRAKTISCHE HINWEISE:**
> • Für diese Tour brauchen Sie einen Mietwagen oder ein Taxi für einen Tag, da die Fahrt mit dem Linienbus sehr zeitraubend ist.

TOUR-START:

Von **Caniço de Baixo 1** › S. 94 fahren Sie nach **Santa Cruz 3** › S. 97, einer Kleinstadt mit recht ursprünglicher Atmosphäre; die Wehrkirche stammt aus der Entdeckungszeit Madeiras. Auch der Besuch in **Machico** › S. 100 **5** steht im Zeichen der Besiedlung durch die Portugiesen im 15. Jh. Hier gibt es die ältesten erhaltenen Baudenkmäler der Insel. Lohnend ist der Blick vom Aussichtsberg **Pico do Facho** › S. 105 oberhalb der Stadt. Weiter geht es zur **Ponta de São Lourenço 7** › S. 106. Die Landspitze trägt den Namen des Schiffs, auf dem João Gonçalves Zarco die Insel an dieser Stelle erstmals erreichte.

Der Fischerort **Caniçal 6** › S. 105 ist ideal, um in einem der Restaurants Madeiras Spezialitäten zu kosten und das Walmuseum zu besuchen. Über die Schnellstraße VR 1 und die ER 106 geht es zur Passhöhe von **Portela** 8 › S. 106. Von dort blickt man auf **Porto da Cruz** 9 › S. 107, das zwischen Weinbergen und Zuckerrohrplantagen eingebettet ist. Auch der Ort selbst lohnt den Besuch. Die Rückfahrt erfolgt über die Bergstraße ER 102 oder entlang der Küste.

VERKEHRSMITTEL

- **Busse:** Die Busse des Unternehmens EACL (www.eacl.pt) verbinden Caniço mit Funchal. Die Orte weiter östlich einschließlich des Flughafens bedient SAM (www.sam.pt). Nach Camacha fährt die CCSG (www.horariosdofunchal.pt), nach Santo da Serra und Porto da Cruz gelangt man mit CCSG und SAM. Das Liniennetz ist recht dicht, die Busse verkehren auf wichtigen Strecken etwa stündlich.

TOUREN IM OSTEN MADEIRAS

TOUR 3

DIE LEVADAS IM GRÜNEN MADEIRA

Sítio das Quatro Estradas › Portela (1. Tag); Ribeiro Frio › Portela (2. Tag)

TOUR 4

AUF DEN SPUREN DER ENTDECKER

Caniço de Baixo › Santa Cruz › Machico › Pico do Facho › Ponta de São Lourenço › Porto da Cruz › Caniço de Baixo

UNTERWEGS IM OSTEN MADEIRAS

CANIÇO [1] 📖 F5

Das Zentrum von Caniço (23 000 Einw.) liegt rund um die Pfarrkirche aus dem 18. Jh. Auf dem Kirchplatz treffen sich gerne die älteren Leute, ansonsten sind die in den letzten Jahren entstandenen Einkaufszentren mit Supermärkten, Boutiquen, Restaurants und Bars attraktive Anziehungspunkte.

Direkt am Meer erstreckt sich das Villen- und Hotelviertel **Caniço de Baixo**. Die Felsbadeanlagen **Lido Galomar** und **Praia Roca Mar** gehören zu den gleichnamigen Hotels; sie sind öffentlich zugänglich (Eintritt für Besucher). Im Osten grenzt der kleine, steinige Strand von **Reis Magos** mit Promenade, Badeanstalt und einem Ensemble alter Fischerkaten an.

Auch das ruhige, in Richtung Funchal gelegene Wohnviertel **Garajau** gehört zu Caniço. Unterhalb der kühn über die Steilküste gebauten Häuser erhebt sich auf der Landspitze **Ponta do Garajau** eine 18 m hohe Christusfigur. Von der dortigen Aussichtsterrasse schweift der Blick westwärts bis hin zur Bucht von Funchal und nach Osten bis Caniço de Baixo. › mehr S. 12 Punkt ❶

HOTELS

Quinta Spléndida €€
Von der idyllischen Ferienanlage eröffnet sich ein grandioses Atlantikpanorama. Weitere Pluspunkte sind der eigene botanische Garten und ein großzügiger Spa-Bereich (gegen Gebühr). Unterschiedlich ausgestattete Wohneinheiten in Flachbauweise gruppieren sich um den Pool und um ein altes Herrenhaus.
• Estrada da Ponta Oliveira 11
  Caniço Centro | Tel. 291 930 400
  www.quintasplendida.com

Galo Resort
Drei Hotels mit gemeinsamen Einrichtungen und einem vielseitigen Kreativ-, Sport- und Wellnessprogramm: Mit je vier Sternen sind das sport- und wellnessorientierte **Galosol** (€€) sowie das etwas abseits gelegene, individuelle **Alpino Atlântico** (€€) klassifiziert. Frisch renoviert präsentiert sich das 3-Sterne-Haus **Galomar** (€).
• Rua D. Francisco Santana/
  Rua Baden Powell
  Caniço de Baixo | Tel. 291 930 930
  www.galoresort.com

Villa Opuntia €€
In einem grünen Villenviertel wohnt man angenehm ruhig und individuell. Die komfortablen Ferienwohnungen bieten Kamin und Terrasse. Adults only.
• Rua Miradouro da Falésia
  Caniço de Baixo | Tel. 291 934 733
  www.villaopuntia.com

Vila Ventura €
Taucher und Individualisten wissen die 21 gemütlichen Zimmer (mit Kochecke) zu schätzen. Sehr gemütlich sitzt man im Grillrestaurant im lauschigen Garten.
• Travessa Cais da Oliveira
  Caniço de Baixo | Tel. 291 934 611
  www.villa-ventura.com

Wellness in herrlicher Lage bietet das Hotel Galosol (Galo Resort) in Caniço de Baixo

RESTAURANTS

A Lareira €€

Das rustikale Lokal bietet Rindfleischspieße vom Grill und andere deftige Speisen.
Schöne Terrasse mit Blick auf den Kirchplatz.
• Estrada da Ponta Oliveira 2
  Caniço Centro | Tel. 291 635 426

Klenk's Café €€

In rustikaler Atmosphäre werden schmackhafte deutsch-portugiesische Gerichte serviert, bei schönem Wetter auch im Biergarten mit Blick über den Ort und zum Meer.
Eigenes Hausbier!
• Estrada da Ponta Oliveira 57
  Caniço de Baixo | Tel. 291 934 316

Lee Hamilton Steak House €€

Zeitgemäßes Steakrestaurant neben dem
Hotel Roca Mar, mit Panorama-Glasschei-
ben und Terrasse, jeweils mit unverstell-
tem Atlantikblick.
• Cais da Oliveira
  Caniço de Baixo | Tel. 291 934 991

Praia dos Reis Magos €€

Die Inneneinrichtung des schlichten Lokals
am gleichnamigen Strand ist modern-mari-
tim, der Fisch schmeckt großartig. Am
schönsten ist es hier an lauen Sommerabenden auf der Terrasse.
• Praia dos Reis Magos
  Caniço de Baixo | Tel. 291 934 345

Laranjinha €

Einfaches Lokal mit viel einheimischem Pu-
blikum, traditionelle Madeira-Küche: Huhn,
Fisch, Meeresfrüchte.
• Estrada Avelino Pinto
  Caniço de Baixo | Tel. 291 936 417

CAMACHA 2 ⭐ 📖 F5

Von einem Aussichtspunkt im Zentrum von Camacha (7500 Einw.)
schweift der Blick über Eukalyptuswälder und Terrassenfelder bis zum
Meer. Der nahe Uhrturm des **Café
Relógio** scheint dem Big Ben in
London nachempfunden, waren

doch die ersten Besitzer des Hauses im 19. Jh. reiche Engländer. Heute ist das Gebäude Sitz der größten Firma für Korbwaren auf Madeira und soll jetzt in ein modernes Themenzentrum verwandelt werden.

In den Verkaufsräumen des Café Relógio reicht die Auswahl von einfachen Körben über Blumenampeln, Handtaschen, Tabletts und Hüte bis hin zu Möbelgarnituren. Der größte Teil der Korbwaren wird in Camacha in Heimarbeit hergestellt. › mehr S. 15 Punkt ㉒ Skurril wirkt die – unverkäufliche – Sammlung von geflochtenen Tieren im 1. Untergeschoss, u. a. Elefanten, Schweine, Löwen, Affen und Hirsche (www.caferelogio.com, tgl. 9–21, Werkstatt meist nur Mo–Sa 9–18 Uhr).

Blumen und Formschnittbüsche zieren den weitläufigen **Largo da Achada** (offiziell: Largo Conselheiro Aires de Ornelas) vor dem Café Relógio. 1875 fand auf dem Platz, wie eine Gedenktafel bezeugt, das erste Fußballspiel auf portugiesischem Boden statt. Ein in Camacha ansässiger Engländer hatte einen Fußball aus seiner Heimat mitgebracht und zwei Mannschaften gegeneinander antreten lassen.

HOTEL

Estalagem Relógio €

Der Landgasthof beim Korbflechterzentrum verfügt über 24 Zimmer und bietet eine herrliche Aussicht über die Südküste. Er eignet sich gut als Etappenstation auf einer mehrtägigen Inselrundfahrt.

- Largo Conselheiro Aires de Ornelas Camacha
  Tel. 291 922 777
  www.caferelogio.com

RESTAURANTS

Bar da Torre €

Im Erdgeschoss des Uhrturms, dem Korbflechterzentrum angeschlossen, serviert

Aus Weiden geflochtene Tierfiguren sind heute eine Rarität

die Snackbar kleine Gerichte. Gut bestückte Kuchentheke.
• Largo Conselheiro Aires de Ornelas
  Camacha | Tel. 291 922 777

Casa de Pasto O Boleo €
Das Lokal gegenüber der Kirche serviert
unverfälschte Hausmannskost. In familiä-
rer Atmosphäre genießt man sie auf der
Terrasse vor dem Haus. Wird abends zum
Szene-Treff.
• Largo da Igreja | Camacha
  Tel. 291 922 128

SANTA CRUZ 3 🔖 G5

Santa Cruz (7200 Einw.) ist eine an-
genehme Kleinstadt mit histori-
schem Kern. Am Meer verläuft eine
von Palmen gesäumte, mit Mosai-
ken ausgelegte Promenade. Im
Sommer bevölkern die Sonnenan-
beter die grobkiesige, allerdings un-
bewachte **Praia das Palmeiras.** Ein
verspielt gestyltes Café sorgt für das
leibliche Wohl. Unter den Augen
eines Bademeisters ins Wasser

💬 **FAMILIENFEST IM ZEICHEN DES HEILIGEN GEISTES**

Jedes Jahr zu Pfingsten finden sich in vielen Orten Madeiras, insbesondere
aber in Camacha, die Menschen zu den *Festas do Divino Espírito Santo* (Hei-
liggeistfest) zusammen. Das Fest geht auf König Dinis zurück, der im 13. Jh.
von Portugal aus ein »Imperium des Heiligen Geistes« errichten wollte. Er
ersann Regeln und Symbole für einen religiösen Kult, der die christliche
Eucharistiefeier ablösen sollte.

  Auf Madeira wurde dieser Brauch von João Gonçalves Zarco eingeführt,
um das Gemeinschaftsgefühl unter den ersten Siedlern zu stärken. Im Mittelpunkt stand eine Armenspeisung, die von einem jährlich neu zu bestimmen-
den Imperador (»Kaiser«) auszurichten war. Diesem wurde in einer feierli-
chen Zeremonie die Krone des Heiligen Geistes aufgesetzt.

  Schon bald trat der ursprüngliche Sinn in den Hintergrund, es überwog bei
den Festlichkeiten immer mehr das gesellige Essen und Trinken. Der Aufwand
bei der Bewirtung nahm zu und so manche Familie trieben diese opulenten
Feiern in den finanziellen Ruin. So wurde der Heiliggeistkult von der katholi-
schen Kirche, die ihn ohnehin als lästige Konkurrenz beargwöhnte, jahrhun-
dertelang heftig bekämpft. 1894 verbot der Bischof von Funchal schließlich
die Krönungszeremonie.

  Doch in vielen ländlichen Gemeinden ist noch heute die »Visite des Heiligen Geistes« üblich, bei der die *Mordomos* (wörtl. Verwalter), die stolz eine
feuerrote Weste über dem dunklen Anzug tragen, in Begleitung von *Saloias* –
Ehrenjungfrauen in farbenfrohen Gewändern – Geld für den *Cortejo do Pão*
einsammeln. Dieser sog. Brot-Umzug findet in Camacha am Pfingstsonntag
ab ca. 17.30 Uhr statt, danach werden Lebensmittel an Bedürftige verteilt.
Nach der Abendmesse am Pfingstmontag findet auf dem Largo da Achada
die Wahl des neuen »Heilig-Geist-Kaisers« statt.

springen kann man in der Badeanlage **Praia das Palmeiras** (mit Pool und Wasserrutsche, tgl. 9–19 Uhr, Eintritt frei).

Die dreischiffige Wehrkirche **Igreja São Salvador** geht auf die Entdeckungsfahrer zurück. Der heutige Bau entstand zwischen 1502 und 1512 im Stil der Gotik, klassische Spitzbogen zieren den Seiteneingang und das Zwillingsportal im Altarraum. Feine manuelinische Steinmetzarbeiten sind das Grabmal eines italienischen Zuckerhändlers sowie das Fenster hinter dem Taufbecken (Praça Dr. João Abel de Freitas, tgl. 9–18 Uhr, Eintritt frei). Im Park vor der Kirche spenden Bäume Schatten, neben dem Gotteshaus stand früher ein Schandpfahl *(pelourinho)*, ähnlich demjenigen von Funchal › S. 75. Erhalten blieb nur der Sockel mit einer Marmorsäule, die heute ein Kreuz trägt.

HOTELS

Vila Galé Santa Cruz €€

Das große, moderne 4-Sterne-Ferienhotel zeichnet sich durch seine Nähe zum Strand sowie zur Altstadt aus. Stilvolle Ausstattung und großzügige Pools indoor wie outdoor.

• Rua São Fernando | Santa Cruz
Tel. 291 529 000 | www.vilagale.pt

Santo António €

Die zentral gelegene familiäre Pension eignet sich hervorragend für Reisende, die abseits des touristischen Trubels nächtigen wollen.

• Rua Cónego César de Oliveira
Santa Cruz

Tel. 291 524 198
www.residencialsantoantonio.com.pt

RESTAURANT

A Bilheteira €

Das kleine Lokal bei der Kirche serviert drinnen wie draußen absolut landestypische Küche.

• Praça Dr. João Abel de Freitas 11
Santa Cruz | Tel. 291 522 124

SHOPPING

Mercado Municipal

Die kleine Markthalle an der Meerespromenade ist das kulinarische Schaufenster der Stadt. Die Fassade ziert ein moderner Fries mit Motiven aus Landwirtschaft und Fischerei.

• Alameda | Santa Cruza | Mo, Sa 7–16,
Di–Do 7–17, Fr 7–19, So 7–13 Uhr

SANTO DA SERRA 4 ▮ F4

Die größte Attraktion in Santo da Serra (1600 Einw.) ist sicherlich die **Quinta do Santo da Serra**. Der Eingang zu der riesigen Parkanlage (tgl. bis Sonnenuntergang geöffnet), in der im Frühjahr Azaleen und Kamelien und im Sommer Hortensien blühen, liegt östlich der Kirche an der Hauptstraße des Dorfes. Versteckt hinter Baumriesen steht das ehemalige Sommerhaus der englischen Familie Blandy (heute in Besitz der Regionalregierung). Im Sommer kommen die Einheimischen gerne zum Picknick hierher, denn die Spiel- und Sportplätze und der kleine Zoo sind ideal für Kinder.

Ein Pflasterweg führt in den hinteren, tiefer gelegenen Teil des Gartens und zum **Miradouro dos Ingle-**

ses mit weitem Ausblick über den Inselosten. Von diesem Punkt aus ließen die englischen Familien, die in den heißen Monaten ihre Villen in Santo da Serra bezogen, den Schiffsverkehr überwachen. Sobald der Wachposten einen Handelssegler am Horizont sichtete, ritten die Weinhändler so rasch wie möglich nach Funchal, um dort im Hafen ihre Geschäfte abzuwickeln.

Am Sonntag scheint ganz Madeira unterwegs nach Santo da Serra zu sein: zur **Feira do Santo da Serra,** dem Wochenendmarkt. Bauern bieten heimisches Obst und Gemüse an, es gibt Kleidung, Schmuck und Hausrat zu kaufen – und außerdem jede Menge zu essen und zu trinken (ab Samstagnachmittag auf dem Parque das Feiras, ausgeschildert, am schönsten am Sonntag ab 12 Uhr).

Oberhalb von Santo da Serra verläuft die **Levada da Serra,** eine lauschige, moosbewachsene Bewässerungsrinne aus dem 19. Jh., an der sich ein beliebter Wanderweg entlangzieht. Der Einstieg ist am **Sítio das Quatro Estradas,** der Kreuzung der Levada mit der ER 202 in Richtung Poiso. Oberhalb einer ehemaligen Schweinefarm geht es nordostwärts in den Eukalyptuswald hinein. Später säumen Heidegebüsch und exotische Koniferen den Weg. Nach ca. 2 Std. folgt man dem breiten Forstweg bergab, passiert den mit Azaleen geschmückten Picknickplatz am Forsthaus **Lamaceiros** und erreicht, der Beschilderung weiter abwärts folgend, nach rund 3 Std. den Pass von **Portela** ▸ S. 107.

MADEIRA GRATIS ENTDECKEN

- Alle **Aussichtspunkte** auf Madeira sind frei zugänglich. Auch der Panoramablick vom **Pico do Arieiro** ▸ S. 80 ist kostenlos, ebenso der Besuch des dortigen Sturmvogel-Informationszentrums (falls geöffnet). Umsonst ist (noch) der Zutritt in die Forellenzuchtanlage und in den Forstpark von **Ribeiro Frio** ▸ S. 109.
- Frei zugänglich sind alle **Wanderwege,** unter denen die vielen Levadas ▸ S. 108 ebenso herausragen wie der Gipfel-Panoramaweg ▸ S. 80 oder der Weg auf die Ostspitze der Insel ▸ S. 106.
- In den Genuss schöner Parks und Gärten ohne Eintritt kommt man in Funchal im Park der **Quinta das Cruzes** ▸ S. 75, im **Parque de Santa Catarina** ▸ S. 68, im **Jardim Municipal** ▸ S. 68, im **Stadtgarten** von **Monte** ▸ S. 87 und im Park der **Quinta do Santo da Serra** ▸ S. 98.
- In **Kirchen** wird kein Eintritt verlangt. Kulturbegeisterte gelangen gratis in den **Palácio de São Lourenço** ▸ S. 69 und in die **Patios des Rathauses** ▸ S. 74 und des **Jesuitenkollegs** von Funchal ▸ S. 74 und können in der Altstadt von Funchal die Werke des Projekts **Arte das Portas Abertas** ▸ S. 71 ansehen.
- Kostenlos sind auch die **Standard-Weinproben** aller Weinkellereien auf Madeira ▸ S. 57.

HOTELS

Enotel Golf €€

Das 4-Sterne-Hotel im eleganten Landhausstil entstand in einem um 1900 erbauten Gutshaus am Ortsrand. Golfplatz und zwei Reitställe liegen in der Nähe.

- Santo da Serra | Tel. 291 550 550
  www.enotel.com

Quinta Santo António da Serra €

Der parkartige Garten ist das große Plus der kleinen Bungalowanlage für Selbstversorger. Nicht zu verwechseln mit der öffentlichen Quinta do Santo da Serra
> S. 99 schräg gegenüber.

- Santo da Serra | Tel. 291 763 879

RESTAURANT

A Nossa Aldeia €

Das urige Lokal, in dem über dem offenen Feuer Rindfleischspieße (espetadas) braten, erfreut sich besonders am Wochenende bei einheimischen Familien großer Beliebtheit. Mo geschl.

- Neben dem Parque das Feiras
  Santo da Serra
  Tel. 291 552 142

MACHICO 🟥5

In der Vergangenheit hatte Machico (12 000 Einw.) Bedeutung als Verwaltungs- und Hafenstadt. Heute wirkt es eher provinziell, besitzt aber eine großzügige Promenade an einem künstlich aufgeschütteten, hellen Sandstrand sowie einen kleinen Jachthafen.

Am zentralen Largo do Município erhebt sich die gut 100 Jahre alte **Câmara Municipal** 🟠A. Die Rathausfassade ziert das Stadtwappen, das auf den einst florierenden Zuckerrohranbau und die für seine Bewässerung nötigen Levadas anspielt.

Wohl das älteste erhaltene Gebäude der Stadt, errichtet um 1440, ist die **Igreja Nossa Senhora da Conceição** 🟠B (schräg gegenüber dem Rathaus). Von dem ursprünglichen Bau blieb das gedrungene, gotische Zwillingsportal an der Seitenfassade erhalten, die drei Marmorsäulen kamen erst später hinzu. Sie gelten als Geschenk König Manuels I., zu dessen Regierungszeit (um 1500) die Pfarrkirche erneuert und vergrößert wurde. Ursprünglich sollen sie Zier einer Moschee in Marokko gewesen sein. Das Kircheninnere wurde in der Barockzeit komplett umgestaltet und mit vergoldeten Altären und einer bemalten Decke ausgeschmückt (Largo do Município, tgl. 9–18 Uhr, Eintritt frei).

Auf dem Platz vor der Kirche steht ein Denkmal zu Ehren von **Tristão Vaz Teixeira,** der mit João Gonçalves Zarco 1419 in der Bucht von Machico an Land ging. Nach der Aufteilung Madeiras in zwei Herrschaftsbereiche erhielt Tristão Vaz Teixeira die östliche Inselhälfte mit Machico, das bis 1497 gleichberechtigte Hauptstadt neben Funchal war.

Eine Besonderheit Machicos sind die **Maios,** überlebensgroße Strohpuppen, denen von alters her magische Kräfte nachgesagt werden. Sie sollen zum Winterende das Böse vertreiben. Zu sehen sind die Maios am 1. Mai und in den Tagen danach u. a. am Platz gegenüber der Kirche.

Gegenüber dem alten Markt, **Mercado Velho,** in dem heute ein Restaurant eingerichtet ist › S. 105, steht das **Forte Nossa Senhora do Amparo** . Eine Tafel über dem Eingang gibt 1706 als Jahr der Erbauung an. Zu verdanken ist die Festung einem fortschrittlichen Gouverneur, der die Piraterie – lange eine Bedrohung – zu beenden versuchte. Bemerkenswert ist die dreieckige Form, die es ermöglichte, Kanonen nach zwei Seiten zum Meer hin auszurichten. Ein Wachposten auf dem Pico do Facho im Osten der Stadt (am Sendeturm auf dem Gipfel zu erkennen) gab Alarm, sobald sich Piraten am Horizont zeigten (Passeio de Baixo, meist Mo–Fr geöffnet, Eintritt frei).

In dem ehemaligen Herrensitz **Solar do Ribeirinho** ist heute ein kleines Museum untergebracht, das Exponate aus der Stadtgeschichte und volkskundliche Ausstellungsstücke zeigt (Rua do Ribeirinho 15, Mo–Fr 9–17 Uhr, Eintritt 1,50 €).

Das Hochufer der **Ribeira de Machico** wird landeinwärts begleitet von einer **Promenade,** die an der ehemaligen Zuckerfabrik von Machico endet. Diese, kenntlich an ihrem gedrungenen weißen Turm, erhielt das zum Ausschwemmen des Zuckers benötigte Wasser über ein Aquädukt, dessen restaurierte Bö-

Ⓐ Câmara Municipal
Ⓑ Igreja Nossa Senhora da Conceição
Ⓒ Forte Nossa Senhora do Amparo
Ⓓ Solar do Ribeirinho
Ⓔ Capela dos Milagres
Ⓕ Cais
Ⓖ Forte São João Batista
Ⓗ Capela de São Roque
Ⓘ Miradouro Francisco Alvarez de Nóbrega

Machico liegt in einer geschützten Bucht mit Badestrand

gen hinter dem Busbahnhof zu besichtigen sind.

Besonders ursprünglich präsentiert sich der Ortsteil **Banda d'Além** jenseits der Ribeira de Machico. Mittelpunkt des Fischerviertels ist der Largo dos Milagres, auf den hohe Birkenfeigen ihren Schatten werfen. Das Bild prägt die **Capela dos Milagres** ❸. Die »Kapelle der Wunder« soll das erste Gotteshaus auf Madeira gewesen sein, errichtet an jener Stelle, an der ein Franziskanermönch am 2. Juli 1419 eine Messe für die gerade gelandeten Inselentdecker las. Um die Erbauung rankt sich eine tragische Liebesgeschichte › S. 103. 1803 erlitt die Kapelle bei einer Überflutung schwere Schäden. Eine Hochwassermarke neben der Tür zeigt, dass die Ribeira de Machico 1956 erneut extrem viel Wasser führte, dennoch blieb die Kapelle damals weitgehend verschont.

Der Altar birgt die Holzstatue des »Wundertätigen Christus« (Senhor dos Milagres) aus dem 16. Jh. Beim Hochwasser 1803 ins Meer geschwemmt, wurde sie zwei Tage später von einem amerikanischen Seemann entdeckt, als er von seinem in der Bucht ankernden Schiff an Land ruderte. Die wundergleiche Begebenheit stellt ein Ölgemälde links vom Altar dar (Largo dos Milagres, tagsüber meist geöffnet).

Die Bergung der Figur wird alljährlich am 8. Oktober mit einem großen Fest begangen. Pilger aus allen Teilen der Insel begleiten in einer nächtlichen Prozession die Statue, die auf einer Barke zur Pfarrkirche geschoben wird. Alle Teilnehmer tragen Fackeln, an diesem Abend hüllt sich Machico ansonsten in völlige Dunkelheit.

Über die Uferpromenade, vorbei am hellen Sandstrand, erreicht man den kleinen Schiffsanleger, genannt

Cais **F**. An dieser Stelle soll João Gonçalves Zarco mit seinen Leuten an Land gegangen sein. Gemeinsam mit Tristão Vaz Teixeira gründete er Machico als ersten Ort. Heute dümpeln hier einige Fischerboote in den Wellen, nebenan liegen Jachten an ein paar Stegen vertäut.

Oberhalb des Cais erhebt sich das **Forte São João Batista G**. Auch diese Festung entstand Anfang des 18. Jhs. zum Schutz gegen Piraten. Betreten kann man die Festung nicht, sie ist seit Jahren wegen Restaurierung geschlossen).

Am Südrand der Bucht ist die **Capela de São Roque H** zu besichtigen. Äußerlich wirkt die Barockkapelle schlicht, innen überrascht sie mit prunkvollen Azulejo-Bildern (Caminho de São Roque, tagsüber i. d. R. geöffnet).

Jenseits der alten Küstenstraße nach Funchal führt ein steiler, gepflasterter Serpentinenweg in rund 15 Min. hinauf zum **Miradouro**

💬 TRAGISCHE LIEBE

Nach einer 1671 anonym in Paris veröffentlichten Geschichte soll, Jahre bevor Madeira von den Portugiesen besiedelt wurde, bereits der englische Handelskapitän Robert Machim in Machico vor Anker gegangen sein. Er hatte sich in das Adelsfräulein Anne de Arfet verliebt, deren Eltern sie jedoch mit einem Mann von hohem Rang aus Bristol verheirateten. Damit wollte sich das Liebespaar nicht abfinden. Mit Hilfe von Freunden entführte Robert seine Anne auf ein Schiff und stach mit ihr – sein Ziel war Spanien – in See. Ein Sturm jedoch trieb sie weit hinaus auf den Atlantik, wo nach einigen Tagen eine dicht bewaldete Insel am Horizont auftauchte. In der Bucht, in der später Machico gegründet wurde, warfen sie Anker. Doch zu einem Happy End sollte es nicht kommen. Anne fiel in eine tiefe Melancholie und starb wenig später. Robert konnte den Tod seiner Geliebten nicht verwinden und folgte ihr bald ins Grab.

Die Gefährten beerdigten beide nebeneinander und errichteten ein Kreuz. In einer Inschrift baten sie Neuankömmlinge, ein Gotteshaus zu bauen. Dann begaben sie sich wieder auf ihr Schiff und segelten nach Nordafrika, wo sie in Gefangenschaft gerieten. Einem kastilischen Seemann, der wie sie dort Sklave war, erzählten sie ihre Geschichte. Er verbreitete sie nach seiner Freilassung in Portugal. So soll João Gonçalves Zarco von Madeira erfahren haben. Es heißt, er habe bei seiner Landung in der Bucht von Machico die heutige Capela dos Milagres über dem Grab des Liebespaares erbauen lassen.

Robert Machim ist eine reale historische Figur. 1406 musste er aus politischen Gründen England verlassen. Lange führte man den Ortsnamen Machico auf ihn zurück, doch wahrscheinlich war ein portugiesischer Seemann namens Macheco, der gemeinsam mit Machim aus England ausgewiesen wurde, der eigentliche Namensgeber des Ortes.

Francisco Alvarez de Nóbrega ●
(auch Miradouro do Pico genannt)
mit schöner Aussicht über Machico.
Die Stelle ist nach einem aus Madeira stammenden Dichter benannt.
Alvarez de Nóbrega (1773–1807)
wurde wegen seiner satirischen, antiklerikalen Verse von der Inquisition verfolgt und starb im Gefängnis.

Der Miradouro gehört zum Ortsteil **Água de Pena,** der sich direkt
oberhalb des **Flughafens** befindet.
Dieser ist eine Sehenswürdigkeit für
sich. Seine Landebahn wurde zwischen 1995 und 2000 mit großem
Aufwand auf 2800 m Länge ausgebaut. Auf riesigen Stelzen schiebt
sich die Betonpiste entlang der Felsküste in Richtung Machico. Die
Küstenstraße verläuft direkt unter
der gigantischen Säulenhalle der
Landebahn. 2007 wurde der Flughafen in **Aeroporto da Madeira
Cristiano Ronaldo** umbenannt.
Neben dem Eingang zum Ankunftsbereich steht eine viel fotografierte Büste des Fußballstars.

INFO

Posto de Turismo
• Im Solar do Ribeirinho
  Rua do Ribeirinho 13 | Machico
  Tel. 291 964 118 | www.cm-machico.pt

HOTELS

Amparo €
Die weiße Villa mit den grünen Fensterläden steht in der Nähe des alten Markts und
nur 50 m vom Strand entfernt. Sehr behaglich sind die 12 Zimmer eingerichtet.

Die Welt der Meeressäuger und der für die Insel einst bedeutende Walfang werden im
Walmuseum in Caniçal beleuchtet

• Rua da Amargura | Machico
Tel. 291 968 120
www.amparohotel.com

White Waters €
Mitten im Ort ein modernes, schickes Mittelklassehotel in frischen Farben. Den Garten ersetzt eine Dachterrasse; alle Zimmer haben Meerblick.
• Praceta 25 Abril 34 | Machico
Tel. 291 969 380
www.hotelwhitewaters.com

RESTAURANTS

Mercado Velho €€
Der alte Markt, heute ein beliebtes Terrassenlokal, zeichnet sich durch ein besonders schönes Ambiente aus. Im Schatten von Jacarandabäumen kann man hier gepflegt essen.
• Rua Gen. António Teixeira de Águiar
Machico | Tel. 291 961 129

Baía €
Auf Holzplanken, die über dem Wasser schweben, sitzt man angenehm bei kühlen Drinks und Meeresfrüchten.
• Cais | Machico
Tel. 291 966 502

Marisqueira O Pescador €€
Ein auch bei Einheimischen sehr beliebtes Lokal mit gepflegter Fischküche und gut gemeinten ordentlichen Portionen. Man speist mit Meerblick.
• Rua do Leiria | Machico
Tel. 291 966 022

CANIÇAL   6   📖 G4

Wer für die Fahrt nach Caniçal die alte Landstraße ER 214 wählt, kann (östlich von Machico) vor dem Tunnel einen Abstecher zum **Pico do Facho** machen. An der Aussichtsterrasse unterhalb der 329 m hohen Kuppe liegt einem Machico zu Füßen. Nach der Ausfahrt aus dem Tunnel wirkt die Landschaft schlagartig verändert, wie ausgetrocknet und Palmen säumen die Straße.

Caniçal (3900 Einw.) hat der Fischfang geprägt. Hier liegt eine vergleichsweise große Fangflotte. Kleinere Boote ziehen die Männer des Ortes auf den Strand, während die hochseetauglichen Thunfischkutter im Hafenbecken ankern. In einem der Cafés rund um den promenadenartig gestalteten alten Hafen sitzt man genussvoll – vor allem häufig in der Sonne, während der Rest der Insel in Wolken gehüllt ist.

Die Erinnerung an den Walfang, der bis 1982 von hier aus betrieben wurde, ist in Caniçal noch lebendig. Das moderne **Museu da Baleia** am westlichen Ortsrand zeigt Dokumente und Objekte aus dieser Zeit und beeindruckt u. a. durch Fiberglasmodelle von Walen und Delfinen in Originalgröße (Rua da Pedra d'Eira, www.museudabaleia.org, Di bis So 10.30–18 Uhr, Eintritt 10 €).

Wo früher die Walfabrik stand, befindet sich heute eine große Freihandelszone (*Zona Franca Industrial*), die Industriebetrieben große Steuervorteile bietet. Im Containerhafen wird der Warenverkehr von und nach Madeira abgewickelt.

RESTAURANT

Amarelo €
Das freundliche Fischlokal am alten Hafen – auf der Speisekarte findet sich kein ein-

ziges Fleischgericht – zieht am Wochenende die Einheimischen aus allen Teilen der Insel an! Mi geschl.

• Cais do Caniçal | Caniçal
Tel. 291 96 17 98

PONTA DE SÃO LOURENÇO 7 ⭐8 🏛 H4

Hinter Caniçal windet sich die Straße über die Ponta de São Lourenço allmählich der Ostspitze Madeiras entgegen. Sie passiert die **Quinta do Lorde,** ein Luxus-Ferienresort (www.quintadolorde.pt), dem ein Jachthafen angeschlossen ist. Das Asphaltband endet an der **Baía da Abra,** wo die Käfige einer Fischzuchtanlage in der Bucht liegen.

Von dort führt der gut ausgebaute **Wanderweg PR 8** bis zu der äußersten Spitze der Halbinsel (hin u. zurück 3,5–4 Std., mittlerer Schwierigkeitsgrad). Im Frühjahr bedeckt ein Meer von Blüten die sonst kahle Gegend. Seit einigen Jahren steht das steppenhafte Gebiet unter Schutz, die Naturparkranger hoffen auf die Regenerierung der ursprünglichen Buschvegetation. Von der Brandung umtoste Felsen und bizarre Lavaformationen begeistern nicht nur Fotografen mit ihren abstrakten Formen.

Eine idyllische Oase ist das ehemalige Hirtenhaus **Casa do Sardinha,** das in eine Cafeteria verwandelt werden soll. Derzeit stehen hier noch Picknicktische unter Palmen und Tamarisken, wie geschaffen für eine Rast, bevor man den Doppelgipfel an der **Ponta do Furado** erklimmt, um die Aussicht über Insel und Meer zu genießen.

Der schon von der Baía da Abra aus sichtbare **Leuchtturm** ist nicht zu Fuß zu erreichen, er steht – was erst von hier oben deutlich wird – auf einer vorgelagerten Insel. Nach einem Abstecher zum Bootsanleger wandert man auf dem Hauptweg zurück zum Ausgangspunkt.

Auf der Rückfahrt lohnt der Abstecher zum **Miradouro do Rosto,** einem windgepeitschten Aussichtspunkt hoch über der steilen Nordküste der Halbinsel. Heftig klatscht die Brandung an die Felsen, die bei flach stehender Sonne in roten und ockerfarbenen Tönen schimmern. Picknicktische stehen in schwindelerregender Lage.

Anschließend lädt die **Prainha,** ein sandiger bis feinkiesiger Strand mit Umkleidemöglichkeiten und Bar, zum Sprung in die Wellen ein. Die Prainha grenzt an einen Vulkankegel, auf dessen Spitze sich die hübsche **Capela da Senhora da Piedade** erhebt.

PORTELA 8 🏛 F4

Am 620 m hohen Pass von Portela verläuft die Wetterscheide zwischen dem Süden und Norden der Insel. Im Winter ist die Region unwirtlich. Bei Nässe und Kälte tragen die Männer noch die typische Wollmütze mit den Ohrenklappen, die *barrete de lã.* Wie es in alten Witzen heißt, werden die Ohrenschützer abends nach dem Kneipenbesuch gern heruntergeklappt, um zu Hause die lästigen Fragen der Ehefrau

Die Strandbucht Prainha bietet beste Voraussetzungen zum Sonnenbaden und Schwimmen

nach dem Verbleib des Geldes nicht hören zu müssen …

RESTAURANTS

Zu den wenigen Häusern, die am Portela-Pass stehen, zählen die beiden viel besuchten Restaurants: **Miradouro da Portela** (Tel. 291 966 169) und **Portela à Vista** (Tel. 291 963 189), beide bekannt für ihre guten Fleischspieße (Espetadas). Dazu schmeckt der einfache kräftige Landwein aus Porto da Cruz. €€

PORTO DA CRUZ 9 📖 F3

Die Häuser des landschaftlich schön gelegenen Ortes stehen weit verstreut auf schmalen Bergrücken, die sich bis zur Küste hinunterziehen. 590 m hoch überragt die **Penha de Águia** als Wahrzeichen des Nordens Porto da Cruz. Der schwer zugängliche Berg ist benannt nach den Fischadlern, von denen man sagt, dass sie früher hier brüteten.

Am grobkiesigen Strand im Osten bietet die anrollende Brandung oft ein beeindruckendes Schauspiel. Ein Meeresschwimmbecken garantiert im Sommer Erfrischung. Auch an der kleineren **Praia da Lagoa** westlich des Ortes herrscht in der wärmeren Jahreszeit Badebetrieb. Hier wie dort kann man in Cafés die Seele beim Betrachten der Wellen baumeln lassen.

Auf der Landspitze zwischen den Stränden lohnt die museale Zuckerrohrmühle **Engenho do Norte – SóRum Madeira** einen Stopp. Nach der Ernte im April/Mai können Besucher einen Blick in die Produktionshalle werfen, wo das süße Gras in einer altertümlichen Maschine

TOLLE LEVADAWANDERUNGEN

- Der Duft von Eukalyptus begleitet die Wanderer auf dem bequemen Weg entlang der **Levada da Serra** von Sítio das Quatro Estradas nach Portela › S. 99.
- Wildromantisch zeigt sich die **Levada do Furado,** die zwischen Ribeiro Frio und Portela durch unberührten Lorbeerwald führt › S. 109.
- Ein grüner Felskessel mit Wasserfall ist das Ziel auf der Tour von Queimadas entlang der **Levada do Caldeirão Verde** › S. 115.
- Wie die **Levada do Rei** von Wildbächen gefüllt wird, erlebt man im Tal des **Ribeiro Bonito** › S. 116.
- Schwindelerregende Abgründe und ein langer Tunnel sind auf der **Levada Fajã Rodrígues** zu meistern, um die »Höllenschlucht« zu erleben › S. 119.
- Panoramen, die an Aquarelle großer Meister erinnern, bietet die **Levada da Ribeira da Janela** bei Porto Moniz › S. 121.
- Ein Muss sind die Lorbeerwaldlevadas von **Rabaçal,** ein absolutes Inselhighlight › S. 133.

ausgepresst und der Saft zu einem hellen hochprozentigen Schnaps (*aguardente de cana*) destilliert wird. Ein Teil davon wird durch längere Lagerung zu Rum. Nebenan in der **Casa do Rum** kann man beide Spirituosen kosten und kaufen.

Eine gut ausgeschilderte Levadawanderung führt vom Ortsteil **Cruz** (am höchsten Punkt der alten Landstraße ER 108 nach Faial) entlang der **Levada do Castelejo** bis zu deren wildromantischem Ursprung (hin u. zurück insgesamt 2 Std.). Man läuft zunächst ca. 15 Min. aufwärts bis zur Levada und folgt ihr dann nach rechts. Bald lässt man die letzten Häuser hinter sich und der Kanal windet sich durch steile Felswände. Dass einem hier u. U. schwindelig wird, ist nicht ausgeschlossen. Auch befindet sich der Weg immer mal in relativ schlechtem Zustand. Im Zweifelsfall lieber umkehren!

HOTEL
Costa Linda €
Das moderne Haus oberhalb der Meerespromenade bietet komfortable Zimmer und Apartments.
- Rua Dr. J. A. de Freitas Porto da Cruz | Tel. 291 560 080 www.costa-linda.net

RESTAURANT
Praça do Engenho €€
In dem gepflegten Restaurant speist man an der Promenade, bei ungünstiger Witterung angenehm geschützt im Innenhof. Die gehobene Küche hat eine wohltuend bodenständige Note.
- Porto da Cruz | Tel. 291 560 080

RIBEIRO FRIO 10 E4

Dichter **Laurissilva**, Madeiras ursprünglicher Lorbeerwald, den die UNESCO zum Welterbe erklärte, überzieht speziell die Hänge bei Ribeiro Frio (»kalter Bach«). Gegenüber der staatlichen Forellenzucht *(Piscicultura)* sind auf einem Rundweg durch einen Forstpark die wichtigsten Pflanzen dieses einmaligen Waldes zu sehen und erklärt. Man sollte für den Weg gut 30 Min. einplanen, die Mitnahme eines Blumenbuchs › S. 89 empfiehlt sich. Auch die von einem idyllischen Garten umgebenen Becken mit den jungen Regenbogenforellen und den älteren, schwergewichtigen Zuchtfischen sind interessant und lohnen den Besuch.

Schöne Wanderungen sind in der Umgebung der Forellenzucht möglich. Unterhalb der beiden Gasthäuser führt eine Tour (hin u. zurück ca. 1 Std.) als **PR 11** nach links entlang der **Levada do Furado.** Ziel des Levadawegs ist die spektakuläre Felskanzel **Balcões,** die ein grandioses Panorama der gezackten Gipfel des zentralen Berglands offenbart. › mehr S. 14 Punkt **15**

Ein längerer Wanderweg verläuft als PR 10 entlang der Levada do Furado in entgegengesetzter Richtung. Durch dichten Lorbeerwald wandert man zum Forsthaus von Lamaceiros und abwärts zum Pass von Portela (ca. 4 Std.). Der Weg ist gut gesichert und weist keine großen Höhenunterschiede auf.

RESTAURANT

Ribeiro Frio €€
Das Lokal bei der Forellenzucht lädt mit einem gemütlichen Kaminzimmer zum Aufwärmen ein. Wer um die Mittagszeit eintrifft, kann sich heiß geräucherte Forelle schmecken lassen.
• Ribeiro Frio | Tel. 291 575 898

💬 DIE LETZTEN BORRACHEIROS

Kolonnen von 20 bis 30 schwer bepackten Männern und sogar Frauen waren einst auf Madeira ein gewohntes Bild. Von Milchkannen über Hühner bis hin zu Feldfrüchten trugen sie alles auf dem Rücken, was von Ort zu Ort transportiert werden sollte. Ein Netz gut ausgebauter, an steilen Stellen mit Treppen versehener Pflasterwege überzog die Insel. Esel und Maultiere waren nicht verbreitet, weil sie das feuchte Klima schlecht vertragen. Noch bis in die 1990er-Jahre hatten große Teile der zersiedelten Kulturlandschaft keinen Straßenanschluss. Inzwischen gibt es überall Straßen und der Beruf des Trägers ist ausgestorben. In Porto da Cruz sind allerdings – wenngleich nur beim Umzug zum Weinfest Anfang September – ein paar ältere Borracheiros im Einsatz. Sie tragen die Borrachos, Schläuche aus Ziegenhaut, die zum Transport des Mosts dienen. Borracho heißt auf Portugiesisch auch »betrunken« und nüchtern dürfte bei der heute als Spaß empfundenen Tätigkeit wohl keiner der Männer bleiben.

AN DER NORDKÜSTE

Kleine Pause im Bauern-
dorf Faial, über dem der
Adlerfelsen thront

Eine wilde Küste empfängt die Besucher im Norden, wo sich die Orte eng an den Fels klammern und auf kleinen Terrassen Wein und Feldfrüchte gedeihen. Durch kühle Lorbeerwälder führen die Levadawege im Hinterland.

Santana mit seinen strohgedeckten Häusern lädt zum Verweilen ein, es lohnen sich aber auch Abstecher in den Lorbeerwald bei Queimadas oder zum Pico Ruivo, dem höchsten Gipfel Madeiras. Die Orte der Nordküste zwischen São Jorge und Ponta Delgada sind vom Tourismus bisher kaum entdeckt. Hier sind Wandern und die Erkundung interessanter, weniger bekannter Punkte angesagt. Malerisch präsentiert sich die Kleinstadt São Vicente. Nach Seixal und Porto Moniz locken die natürlichen Meeresschwimmbecken: im Sommer zum Baden, im Winter zur meditativen Betrachtung der imposanten Brandung.

TOUREN IN DER REGION

TOUR
5

WANDERN BEI SANTANA

ROUTE: Achada do Teixeira › Pico Ruivo › Achada do Teixeira (1. Tag); Queimadas › Caldeirão Verde › Queimadas (2. Tag); São Jorge › Ribeiro Bonito › São Jorge (3. Tag)

KARTE: Seite 112
DAUER: 3 Tage; Fahrstrecken ab Santana 1. Tag: 28 km; 2. Tag: 16 km; 3. Tag: 17 km; Wanderzeiten: 1. Tag: 2 Std.; 2. Tag: 4 Std.; 3. Tag: 3 Std.
PRAKTISCHE HINWEISE:
• Proviant, am 2. Tag Taschenlampe!
• Anfahrt ab Santana mit Mietwagen oder Taxi (Tel. 291 572 540)

TOUR-START:
Die erste Wanderung führt von der **Achada do Teixeira** › S. 115 zum **Pico Ruivo** 4 › S. 115. Zeitiges Aufbrechen lohnt, denn dann steigt die Chance, dass der Gipfel wolkenfrei ist. Sich oben auf der Aussichtsterrasse bei der Gipfelsäule zu entspannen und das mitgebrachte Lunchpaket zu verspeisen, ist unübertrefflich.

Am 2. Tag wandern Sie vom Rhododendronpark von **Queimadas** 3 › S. 115 entlang der exponierten, durch Geländer gesicherten **Levada do Caldeirão Verde** › S. 115. Mit einem Wasserfall als Kulisse eignet er sich bestens für ein entspannendes Picknick, bevor Sie den Rückweg antreten. Am 3. Tag gibt eine Lorbeerwaldlevada die Route vor, diesmal oberhalb von **São Jorge** 5 › S. 116. Sie erschließt das liebliche Tal des Ribeiro Bonito › S. 116.

TOUR 6

URSPRÜNGLICHES MADEIRA

ROUTE: Faial › Santana › Ilha › São Jorge › São Vicente › Seixal › Chão da Ribeira › São Vicente

KARTE: Seite 112
DAUER: 1 Tag; Fahrstrecke von Faial nach São Vicente 64 km; mit Anschluss ab/bis Funchal insgesamt 127 km

PRAKTISCHE HINWEISE:
• Nur mit Mietwagen oder Taxi ist diese Tour machbar.

TOUR-START:
Diese Tagestour bietet sich von jedem Standort auf der Insel aus an. Ihr erstes Ziel ist **Faial** 1 › S. 114, ein malerisches Dorf inmitten von Obstplantagen. Dort fahren Sie auf die alte Landstraße, um – mit Stopps an ein oder zwei Aussichtspunkten – nach **Santana** 2 › S. 114 zu gelangen, dem Ort mit den berühmten Strohhäusern, den sog. **Casas de Colmo.**

TOUREN AN DER NORDKÜSTE

TOUR 5

WANDERN BEI SANTANA

Achada do Teixeira › Pico Ruivo › Achada do Teixeira (1. Tag); Queimadas › Caldeirão Verde › Queimadas (2. Tag); São Jorge › Ribeiro Bonito › São Jorge (3. Tag)

Ein Abstecher führt Sie in das selten besuchte, noch ursprüngliche Dorf Ilha › S. 116. In **São Jorge** 5 › S. 116 sind eine üppig ausgestattete Barockkirche und eine traditionelle Wassermühle sehenswert. Alte Gerätschaften zeigt das Weinmuseum von **Arco de São Jorge** 6 › S. 116. Hier können Sie zu Mittag essen oder Sie fahren zu einem Restaurant in **Boaventura** 7 › S. 117.

Bei **São Vicente** 9 › S. 118 bietet ein Lehrpfad mit Museum einen Einblick in die frühere Kalkgewinnung und das ländliche Leben.

Bei schönem Wetter ist **Seixal** 10 › S. 120 herrlich für eine Badepause an den bizarren Brandungspools, um danach noch einen Abstecher ins Bergtal **Chão da Ribeira** 11 › S. 120 zu unternehmen.

VERKEHRSMITTEL

- **Busse:** Ab Funchal CCSG-Busse (www.horariosdofunchal.pt) nach Faial/Santana und (seltener) bis Arco de São Jorge. Rodoeste (www.rodoeste.pt) bedient über Ribeira Brava und São Vicente (Infokiosk, Parkplatz am Südrand der Stadt) die Nordküste zwischen Arco de São Jorge (2–3 × tgl.) und Porto Moniz (3–4 × tgl.).
- **Taxis:** Die Telefonnummern der verschiedenen Taxistandorte auf Madeira findet man unter www.visitmadeira.pt/en-gb/getting-around/detail/madeira/transports/taxis.

TOUR 6

URSPRÜNGLICHES MADEIRA

Faial › Santana › Ilha › São Jorge › São Vicente › Seixal › Chão da Ribeira › São Vicente

UNTERWEGS AN DER NORDKÜSTE

FAIAL 1 📖 F3

Malerisch drängt sich das Bauern-dorf Faial (2000 Einw.) an ein Steil-ufer der Nordküste. Einen besonde-ren Akzent setzt die schmucke Kirche. Rundum stehen tropische Obstbäume, wogt auf den Feldern das Zuckerrohr. Landschaftlich be-sonders attraktiv ist die alte Straße nach Santana (ER 101-1). › mehr S. 16 Punkt 28 Am oberen Ortsrand zweigt eine Nebenstraße zum **Fortím** ab (ausgeschildert), einer winzigen Festung (18. Jh.). Die Aus-sicht ist bestechend. Mehrere Mira-douros verlocken weiter im Westen zu einem Halt mit Blick auf den Ad-lerfelsen, Penha de Águia › S. 107.

SANTANA 2 📖 E3

Mit Santana (3400 Einw.) verbinden viele Besucher die oft fotografierten **Casas de Colmo** 10. Mehr als 100 dieser Strohdachhäuschen verteilen sich über den Ort. Die Hauptstraße führt am Hotel O Colmo vorbei, vor dem ein traditionell eingerichtetes Strohhaus zu besichtigen ist. › mehr S. 17 Punkt 34 Beim Rathaus stehen weitere bunte Casas als Schauobjek-te, beherbergen Kunsthandwerks-geschäfte und einen Blumenladen. › mehr S. 13 Punkt 10

Der **Parque Temático da Madei-ra** widmet sich in spielerischer Wei-se der Inselgeschichte. Vor allem Kinder haben Spaß daran, mit ei-nem Nachbau der alten Zahnrad-bahn von Monte oder im traditio-nellen Ochsenschlitten durch den Park zu fahren (tgl. 10–19 Uhr, Ne-bensaison nur Di–So, Eintritt 6 €, Kinder 4 €, Attraktionen kosten zu-sätzlich 1–2 €, www.parquetematico damadeira.pt).

INFO

Posto de Turismo

• Sítio do Serrado (Casa de Colmo)
Santana | Tel. 291 573 228
www.cm-santana.com
Mo–Fr 10–13, 14–17.30, Sa 10–12.30 Uhr

HOTELS

Quinta do Furão €€

Das rustikale 4-Sterne-Hotel liegt idyllisch inmitten eigener Weinberge über der Steil-küste. Das etwas abseits gelegene Restau-rant hat eine großartige Aussichtsterrasse (besser reservieren).

💬 STROHHÄUSER

Madeiras alte, strohgedeckte Bauernhäuser haben auf jedem der beiden Stockwerke nur ei-nen Raum. Im Erdgeschoss teilt eine Bretterwand den Wohn- vom Schlafbereich, beide waren nur spärlich möbliert. Im Dach-boden – nur über eine Leiter von außen zu erreichen – schliefen früher die Kinder. Wegen der Feuergefahr befand sich die Kochstelle im Freien. Heute haben die Strohhäuser Anbauten mit Küche und Bad.

Das Wahrzeichen von Santana sind die mit Stroh gedeckten Casas de Colmo

• Achada do Gramacho | Santana
Tel. 291 570 100 | www.quintadofurao.com

O Curtado €
Die Pension hat vor allem Wanderer als Gäste. Sie bietet Zimmer im portugiesischen Stil und ein eigenes Restaurant.
• An der alten Straße nach Faial
Außerhalb von Santana | Tel. 291 572 240

RESTAURANT
Cantinho da Serra €€
Viele Einheimische schätzen die gehobene madeirensische Gebirgsküche, wie Zicklein, Kaninchen oder Stockfisch.
• An der Straße zum Pico Ruivo
Tel. 291 573 727 | Mo geschl.

AUSFLUG NACH QUEIMADAS **3** 📖 E3

In dem Weiler Queimadas steht ein großes Strohhaus aus dem 19. Jh. inmitten einer idyllischen Parkanlage mit Azaleen und riesigen Rhododendren. Demnächst soll eine Cafeteria darin einziehen.

Eine wunderschöne Wanderung führt als **PR 9** entlang der **Levada do Caldeirão Verde** (beschildert) zum gleichnamigen eindrucksvollen Talkessel, in den sich ein hoher Wasserfall ergießt. Farne und Moose überwuchern die Felswände des »grünen Kessels«. Geländer sichern den oft in luftiger Höhe über dem Talgrund verlaufenden Weg. Unterwegs sind zwei längere Tunnels zu queren (Taschenlampe nötig). Gehzeit hin und zurück gesamt 4 Std.

PICO RUIVO **4** 📖 E4

Ab Santana schlängelt sich eine enge Straße hinauf zu einem großen Parkplatz. › mehr S. 12 Punkt **4** Er liegt an der **Achada do Teixeira** mit einer (geschlossenen) Schutzhütte. › mehr S. 16 Punkt **30**

Von der Achada do Teixeira ist auf dem bequemen Wanderweg **PR 1.2** der **Pico Ruivo** (1862 m) zu erreichen, Madeiras höchster Gipfel (hin u. zurück ges. 2 Std.). Er ist relativ leicht zu besteigen, dennoch empfiehlt sich festes Schuhwerk. › mehr S. 12 Punkt ❺ Unterhalb des Gipfels passiert der Weg eine weitere, ebenfalls derzeit geschlossene Berghütte.

SÃO JORGE ❺ ▮ E3

Auf einem Bergrücken ducken sich die Häuser São Jorges (1600 Einw.), unter ihnen einige Casas de Colmo. Die barocke **Igreja de São Jorge** von 1761 gilt als kunsthistorisch wertvollste Kirche im Norden. Bis heute haben Funchals Bischöfe hier einen Sommersitz, entsprechend opulent ließen sie die Kirche ausstatten. Alle Altäre sind kunstvoll geschnitzt und reich mit Blattgold belegt. Auf dem Hauptaltar thront der Drachentöter St. Georg. Tafelbilder und Fresken stellen Szenen seines Lebens dar.

Bei der alten Hafensiedlung **Calhau**, an der Mündung der Ribeira de São Jorge, wird in einer geschützten Lagune oder nebenan in gepflegten Pools gebadet. Am oberen Ortsrand werden im **Serragem a Água** (Wassersägemühle) noch wie in alten Zeiten Holzstämme mittels Wasserkraft in Bretter zerlegt. Der Müller gewährt gern einen Blick ins Innere.

Ein Levadaweg führt im Wald oberhalb der Mühle als **PR 18** entlang der **Levada do Rei.** Unterwegs

zu ihrem Ursprung *(madre)* überbieten sich die Ausblicke in das sattgrüne Lorbeerwaldtal des **Ribeiro Bonito** (hin u. zurück ges. 3 Std.).

Madeira von seiner ursprünglichsten Seite zu erleben – in dem 3 km südlich gelegenen malerischen Flecken **Ilha** ist das möglich. In kleinen Ställen *(palheiros)* stehen Milchkühe, die die Bauern mit Bündeln Grünfutter, das sie an Wegrändern mit der Sichel schneiden, versorgen. Nach der Arbeit stehen die Männer an den Tresen der Kneipen und trinken ihren herb-trockenen Landwein.

RESTAURANT
Casa de Palha €
Das originelle Lokal mit durchaus anspruchsvoller Speisekarte serviert in zwei Casas de Colmo hinter der Kirche oder auf der lauschigen Terrasse.
• São Jorge | Tel. 291 576 382

ARCO DE SÃO JORGE ❻ ▮ E3 UND BOAVENTURA ❼ ▮ D3

Malerisch ducken sich die Häuser des Winzerorts **Arco des São Jorge** in einen zum Meer hin geöffneten Felsenkessel. Den schönsten Blick hat man von Osten her an dem kühn an die Steilkante gebauten Aussichtspunkt **As Cabanas.**

Auf dem Gelände des Landhotels **Quinta do Arco** › unten liegt der kürzlich renovierte **Jardim das Rosas,** ein für Portugal einmaliges Rosarium (Sítio da Lagoa, vorerst nur provisorisch zu besichtigen, keine festen Zeiten, Eintritt frei). Das **Museu da Vinha e do Vinho** nebenan zeigt alte Winzergeräte (Sítio da Lagoa, Di–Sa 14–18 Uhr, Eintritt 2 €).

    Boaventura, dessen Bauernhäuser sich über ein tief ins Gebirge eingeschnittenes, grünes Tal verteilen, ist über einen Tunnel mit Arco de São Jorge verbunden. Es lohnt sich, in Boaventura der Beschilderung »Miradouro« zu folgen. Eine schmale Straße führt zu dem über der Felsküste schwebenden Miradouro São Cristóvão mit Blick auf das Meer und bizarre Steilwände.

HOTELS

Quinta do Arco €€
Im subtropischen Garten eines Herrenhauses beim Jardim das Rosas liegt die idyllische kleine Anlage für Selbstversorger. Komfortabel wohnt man in den früheren Landarbeiterhäusern.
- Sítio da Lagoa | Tel. 291 570 250
  www.pestana.com

Solar de Boaventura €
Die Gebäude der Hotelanlage gruppieren sich um ein altes Herrenhaus mit Garten. Schmucke Zimmer in einem frischen portugiesischen Landhausstil. Behagliches Restaurant.
- Serrão Boaventura | Tel. 291 860 888
  www.solar-boaventura.com

RESTAURANTS

As Cabanas €€
Das beliebte Lokal am Miradouro bietet gehobene Madeira-Küche. In der Bar schmeckt eine frisch gemixte *poncha.*
- Miradouro As Cabanas
  Arco de São Jorge
  Tel. 291 576 356

BERG- UND KÜSTENBLICKE

- Das Madeira-Panorama schlechthin bietet sich vom Gipfel des **Pico do Arieiro** ▶ S. 80.
- Schwindelerregend ist der Blick am **Cabo Girão,** einer der höchsten Steilküsten der Welt ▶ S. 83.
- Ein Blick 800 m senkrecht in die Tiefe erwartet Sie am Aussichtspunkt **Eira do Serrado,** hoch über dem Nonnental ▶ S. 84.
- Zackige Felsformationen schuf die Brandung an Madeiras Ostspitze, toll zu sehen vom **Miradouro do Rosto** ▶ S. 106.
- Zu schweben scheint die Felskanzel **Balcões** über dem Lorbeerwald und gewährt das perfekte Panorama der höchsten Gipfel ▶ S. 109.
- Gleich mehrere Miradouros erlauben an der alten Straße von Santana nach Faial den Ausblick auf den bekannten Adlerfelsen, Penha de Águia, den schönsten jedoch bietet die kleine Festung **Fortím** ▶ S. 114.
- **As Cabanas** gewährt den vielleicht eindrucksvollsten Blick über die Küste im Norden, tief unten der Weinbauernort Arco de São Jorge ▶ S. 116.
- Viel fotografiert ist das Panorama der Lavazunge von Porto Moniz mit ihren Meerespools vom **Miradouro da Santinha** ▶ S. 120.
- Zur Nord- wie zur Südküste öffnet sich die Aussicht von der Passhöhe **Encumeada** ▶ S. 127.

Portadas Bar €
Ausflugslokal mit vielen einheimischen
Gästen. Auf dem Grill brutzeln *espetada*
(Rindfleischspieß) und Lachssteaks.
• Estrada Regional | Fajã do Penedo
Boaventura | Tel. 962 662 702

PONTA DELGADA 8 📗 D3

Der kleine Ort (1300 Einw.) hat im
September seinen großen Auftritt:
Am ersten Sonntag strömen Katho-

BADEN IN BRANDUNGSPOOLS

• **Doca do Cavacas** (Poças do Go-
mes), Funchals schönste Badean-
lage an der Ponta da Cruz › S. 77.
• An den Felsbadeplätzen **Lido
Galomar** und **Praia Roca Mar** in
Caniço de Baixo können Wasser-
ratten in Pools oder in den Atlan-
tik springen › S. 94.
• In **Porto da Cruz** verlockt ein
Schwimmbecken am Rand der
Brandungsküste zur Abkühlung
› S. 107.
• Das Meeresschwimmbad von **Ponta Delgada** bietet eine spektakuläre *piscina* sowie Kinderbecken,
Liegeflächen und Strandbar
› S. 118.
• Praktisch naturbelassen blieben
die Brandungsbecken in den Fel-
sen vor **Seixal**, wo sich Baden nur
bei ruhiger See empfiehlt › S. 120.
• Das Highlight unter den natürlichen Meerespools von Madeira
sind unbestritten die **Piscinas Na-
turais** von **Porto Moniz** › S. 120.

---

liken aus allen Inselorten zur **Igreja
Senhor Bom Jesús.** Der Kult geht
auf das Jahr 1466 zurück, als einer
der frühen Siedler hier eine Kapelle
zu Ehren einer angeblich über das
Meer angetriebenen Christusfigur
errichtete. Diese wurde 1908 bei einem Brand zerstört. Es blieb nur ein
verkohlter Rest, der in der Sakristei
zu besichtigen ist. Erst Ende der
1990er-Jahre wurde die Decke so
fantasievoll ausgemalt.

Ponta Delgada hat ein sehr schönes Meeresschwimmbad mit Kinderbecken, Rutsche, und Bar – ein
beliebter Treff der einheimischen
Familien im Sommer (Complexo
Balnear, tgl. 10–19, an Sommerwo-
chenenden bis 20 Uhr, Eintritt 1 €).

HOTEL

Casa da Capelinha €
Kleine Apartmentanlage in einem alten
Gutshof, mit Restaurant.
• Terreiro | Ponta Delgada
Tel. 291 860 040
www.casadacapelinha.com

SÃO VICENTE 9 📗 D3

Malerische Gassen mit herausge-
putzten Häusern locken in São Vicente (3300 Einw.) zum Bummel.
Mittelpunkt des Ortes ist die barocke **Igreja de São Vicente** aus dem
17. Jh. Das Jahr der Renovierung –
1943 – ist auf dem Pflastermosaik
vor dem Portal dokumentiert. Auch
ein Segelschiff gehört zur Darstel-
lung. Zusammen mit zwei Raben ist
es das Symbol des Märtyrers Vin-
zenz. Die Altäre sind reich mit Talha
dourada ausgestattet, der typischen,

mit Blattgold belegten Holzschnitzerei portugiesischer Kirchen.

In den **Grutas** nördlich des Ortes (ausgeschildert) wird die geologische Vergangenheit lebendig. Auf einer Länge von 700 m wurde ein Lavatunnelsystem, das vom Plateau Paúl da Serra meerwärts verläuft, für Besucher erschlossen. Das **Centro do Vulcanismo** zeigt Schautafeln zum Thema und ermöglicht audiovisuelle Einblicke in die Unterwelt (www.grutasecentrodovulcanismo.com, Führungen auf Englisch 1 Std., tgl. 10–18 Uhr, Eintritt 8 €).

Oberhalb der Schnellstraße in Richtung Encumeada erhebt sich im Osten der **Pico da Cova** mit der **Capela de Nossa Senhora de Fátima**. Die nur aus einem Glockenturm bestehende Kapelle wurde Mitte des 20. Jhs. errichtet. Pilger gelangen heute mit dem Auto fast ganz hinauf, schweißtreibend ist jedoch nach wie vor die Treppe auf dem letzten Abschnitt bis zum Gipfel. Lohn der Mühe ist ein wunderbarer Blick über das Tal von São Vicente.

An der Abzweigung zum Pico da Cova ist die **Rota da Cal** (Kalkroute) ausgeschildert, ein Lehrpfad (1 Std.) zu ländlichen Madeira-Themen. Auch ein alter Kalkstollen mit einem ehemaligen Brennofen und ein Dokumentationszentrum mit Fossilien aus den wenigen Kalkvorkommen Madeiras sind zu besichtigen (Di–Sa 10–17 Uhr, Eintritt frei).

In der Verlängerung der Straße vom Ortsteil Ginjas zu einem kleinen Gewerbegebiet (Parque Empresarial) führt eine kurze Piste zum Wanderweg **PR 16** entlang der **Levada Fajã Rodrígues**. Nach rechts gelangt man über schwindelerregende Passagen und durch drei kurze sowie später einen längeren Tunnel (Taschenlampe!) in eine wildromantische Landschaft. Höhepunkt ist am Ende des letzten Tunnels der Blick in die üppig bewaldete »Höllenschlucht«: **Ribeira do Inferno** (hin u. zurück ca. 3,5 Std.).

HOTEL

Estalagem do Mar €
Modernes 4-Sterne-Hotel direkt an der von der Brandung umtosten Nordküste. Die freundlich hellen Zimmer haben alle Meerblick. Hallenbad, Tennisplatz und Panoramabar. Feine Restaurantküche.
• Juncos | Fajã da Areia
  São Vicente | Tel. 291 840 010
  www.estalagemdomar.com

RESTAURANT

Frente Mar €
Eines von mehreren Lokalen in den einstigen Hafenlagerhäusern am steinigen Strand. Auf der Terrasse schmecken Fischgerichte oder *espetada*.
• ER 101 (Calhau) | São Vicente
  Tel. 291 842 871

SEIXAL ⑩ ▮ C3 UND CHÃO DA RIBEIRA ⑪ ▮ C3

Auf abenteuerliche Weise wurde in den 1950er-Jahren die erste Straße in die senkrechten Küstenfelsen des Nordwestens geschlagen. Seit 2000 verläuft hier eine Schnellstraße mit Tunnels. Der spektakulärste Teil der alten Route wurde jedoch durch einen Erdrutsch zerstört. Kurze Abschnitte sind auf eigene Gefahr (!) ab São Vicente befahrbar. Am **Miradouro do Seixal** kann man sich ein Bild von dem 2008/2009 erfolgten Bergsturz machen. Dahinter fällt die Kaskade **Véu da Noiva** (»Brautschleier«) ins Meer.

Seixal (650 Einw.) ist malerisch inmitten von Weinbergen gelegen. Seine in den Atlantik ragende Lavazunge besitzt natürliche Brandungspools, die weit ursprünglicher sind als jene von Porto Moniz. Ruhiger ist das Wasser am Hafenstrand und in der dortigen Badebucht beim Clube Naval oder auch an der Praia da Laje am westlichen Ortsrand.

Als die »Schweiz Madeiras« firmiert in der Werbung das Hochtal **Chão da Ribeira** oberhalb von Seixal. Hier verbringen einheimische Familien in urigen Steinkaten das Wochenende. Obstplantagen überziehen die Hänge vor der Kulisse dicht bewaldeter Berge. Aus einer Zucht im oberen Teil des Tals stammen die inselweit in Restaurants angebotenen Regenbogenforellen. Pfade führen in den Lorbeerwald hinein.

Casa de Pasto Justiniano €

Das rustikale Ausflugslokal bietet zwei köstliche Spezialitäten an: den Spieß *espetada*, der an Eisenstangen von der Decke baumelt, und *truta*: Forelle. Vorzügliche *poncha*. Di geschl.

- Chão da Ribeira | Seixal
  Tel. 291 854 559
  www.casadepastojustiniano.com

PORTO MONIZ 12 B2

In dem Weinbauort (1700 Einw.) bevölkern Tagesausflügler die Restaurants und im Sommer verbringen madeirensische Familien gerne ihren Urlaub. Hauptattraktion sind die **Piscinas Naturais** – traumhafte Felsbadebecken mit glasklarem Wasser (Rotunda da Piscina, tgl. 10–20, Nebensaison bis 17.30 Uhr, Eintritt 1,50 €). Allerlei Meeresgetier tummelt sich rings um die Mauer, die das Schwimmbad vor der heftigen Brandung schützt, aber so manche Welle überschwappen lässt.

Auf dem Passeio Marítimo, einer attraktiven Promenade, geht es ostwärts zu weiteren natürlichen Badebecken. Im **Aquário da Madeira** in einer Festung hat man Gelegenheit, die Meeresfauna näher kennenzulernen (Rua Forte São João Baptista, tgl. 10–18 Uhr, Eintritt 7 €).

Oberhalb des Ortes an der ER 101 Richtung Santa/Paúl da Serra gelegen, ermöglicht der **Miradouro da Santinha** den schönsten Ausblick auf Porto Moniz. Die Santinha, eine kleine Madonnenfigur, ist stets von Blumen und und Kerzen umgeben.

Eine romantische Wanderung (ca. 3 Std. hin u. zurück; leicht) gewährt prächtige Blicke ins **Tal der Ribeira da Janela.** Zwischen Porto Moniz und Santa biegt man von der ER 101 Richtung Lamaceiros ab (ausgeschildert) und fährt durch den Ort bis zum Restaurant Lagoa und dem benachbarten Picknickgelände am Waldrand, wo sich in ein großes Speicherbecken die **Levada da Ribeira da Janela** ergießt.

Schroffe Felsinseln ragen vor der Praia da Ribeira da Janela auf

> mehr S. 15 Punkt ㉖
Ihr folgt man auf einem gepflegten Weg talaufwärts. Immer dichter wird der Lorbeerdschungel und enger der Weg. Am Tunneleingang, aus dem die Levada strömt, empfiehlt sich die Umkehr (die folgende Wegstrecke erfordert Schwindelfreiheit und eine Taschenlampe).

An der Mündung der Ribeira da Janela (mit 12 km Madeiras längster Fluss) liegt der gleichnamige Ort mit einem Kraftwerk, dessen Turbinen das Wasser der Levada antreibt. Die **Praia da Ribeira da Janela** eignet sich nicht zum Baden, ist aber schön zum Schauen und Fotografieren. Bizarre Felsen ragen vor dem grobkiesigen Strand auf.

HOTELS

Aqua Natura €€
Das Boutiquehotel am Meer verfolgt ein für den Norden Madeiras außergewöhnli-ches Konzept. Ansprechendes frisches und farbenfrohes Design. Helle Zimmer mit Meerblick.
• Rotunda da Piscina | Porto Moniz
  Tel. 291 640 100
  www.aquanaturamadeira.com

Salgueiro €
Einfaches Hotel mit 22 hellen Zimmern in einem ansprechend modernen Stil; nahe dem Meerwasserbad gelegen, mit eigenem gutem Restaurant.
• Lugar do Tenente 34 | Porto Moniz
  Tel. 291 850 080
  www.hotelsalgueiro.com

RESTAURANT

Pólo Norte €€
Meeresfrüchte in allen Variationen munden hier vorzüglich. Wenn es nicht zu windig ist, sitzt man am schönsten auf der Dachterrasse.
• Sítio das Poças | Porto Moniz
  Tel. 291 853 322

IM FERNEN WESTEN

Vor allem Gräser, Heidekraut und
Stechginster gedeihen auf der
Hochebene Paúl da Serra

An der Küste laden Badeplätze und kleine Häfen zum Verweilen ein, die Gartenlandschaft landeinwärts lässt sich auf idyllischen Levadawegen erkunden. Die moorige Hochebene Paúl da Serra gibt sich herb und einsam.

Die Kleinstadt Ribeira Brava ist das Drehkreuz des Südwestens. Weiter westlich wird die wilde Felsküste mit den lieblichen, sonnenverwöhnten Orten Ponta do Sol und Calheta gerade vom Tourismus entdeckt. Dazwischen liegen urige Fischerdörfer und so manche Badebucht. Auf Paúl da Serra zeigt Madeira ein ungewohntes Gesicht. Die Hochebene, oft wolkenverhangen und fast menschenleer, ist Moorgebiet und Weideland. Im Gegensatz dazu steht die Üppigkeit des Lorbeerdschungels von Rabaçal, den Levadawege erschließen. Rings um Prazeres, auf einem Plateau hoch über dem Atlantik, dehnen sich Obstplantagen aus, ebenso wie bei Ponta do Pargo. Dort schweift der Blick vom Leuchtturm weit über das Meer.

TOUREN IN DER REGION

AUF DER HOCHFLÄCHE PAÚL DA SERRA

ROUTE: Serra de Água › Encumeada › Paúl da Serra › Pico Ruivo do Paúl › Rabaçal › Fanal › Canhas › Ponta do Sol

KARTE: Seite 124
DAUER: 1 Tag; Fahrstrecke von Serra de Água bis Ponta do Sol: 60 km; mit Anschluss von/bis Funchal 104 km.
PRAKTISCHE HINWEISE:
• Die Tour ist nur mit Mietwagen oder Taxi durchführbar.

• Auf der Forststraße nach Rabaçal (2 km, für Pkw gesperrt) verkehrt ein Shuttlebus (3 €, hin/zurück 5 €).
• Wanderzeit zum Pico Ruivo do Paúl mit Rückweg 1,5 Std.
• Seit 2007 ist die ER 105 zwischen Encumeada und Bica da Cana wegen Erdrutsch gesperrt. Aktuelle Infos: www.visitmadeira.pt/pt-pt/info-uteis/informacao-de-estradas; im Zweifelsfall die Hinfahrt zur Hochebene Paúl da Serra über Canhas organisieren.

TOUR-START:

Diese Tour ist nicht nur vom Westen aus möglich. Auch von Funchal oder Caniço aus ist man schnell in

TOUREN IN DER REGION

TOUR ❼

AUF DER HOCHFLÄCHE PAÚL DA SERRA

Serra de Água > Encumeada > Paúl da Serra > Pico Ruivo do Paúl > Rabaçal > Fanal > Canhas > Ponta do Sol

TOUR ❽

BANANEN UND ZUCKERROHR

Ribeira Brava > Lugar de Baixo > Ponta do Sol > Lombada > Arco da Calheta > Loreto > Calheta

TOUR ❾

WANDERN BEI CALHETA UND PRAZERES

Rabaçal > Cascata do Risco > 25 Fontes > Rabaçal (1. Tag); Rabaçal > Loreto (2. Tag); Prazeres > Raposeira (3. Tag)

Serra de Água. Dort beginnt die alte Straße nach **Encumeada** 2 › S. 127. Von der Passhöhe bieten sich erste grandiose Ausblicke. Beim Aussichtsgipfel **Bica da Cana** › S. 128 ist die Hochebene Paúl da Serra erreicht. Hier bietet sich die Wanderung zum **Pico Ruivo do Paúl** › S. 128 an. Mittags lädt eine Grillstube beim geschlossenen Berghotel am Pico da Urze zur Rast ein.

Das Highlight **Rabaçal** 9 › S. 133 erreichen Sie, nachdem Sie die Baustelle eines großen Stausees passiert haben. Per Shuttlebus gelangen Sie zur wildromantischen Häusergruppe, wo Sie im Café einkehren und einen Spaziergang zur **Cascata do Risco** › S. 133 machen können. Danach lohnt ein Abstecher zum **Fanal** › S. 128 mit seinen urwüchsigen Stinklorbeerbäumen.

TOUR 8

BANANEN UND ZUCKERROHR

ROUTE: Ribeira Brava › Lugar de Baixo › Ponta do Sol › Lombada › Arco da Calheta › Loreto › Calheta

---

KARTE: Seite 124
DAUER: 1 Tag; Fahrstrecke Ribeira Brava – Calheta: 34 km; mit Anschluss ab/bis Funchal 80 km.
PRAKTISCHE HINWEISE:
• Die Tour ist nur mit Mietwagen oder Taxi durchführbar.

TOUR-START:
Die Route steht im Zeichen zweier lange Zeit für die Insel lukrativer Agrarprodukte. Los geht es in **Ribeira Brava** › S. 126. Durch das milde Klima begünstigt, überziehen das Tal weitläufige Bananenplantagen. Ein ähnliches Bild bietet sich in **Lugar de Baixo** › S. 128. Vom alten Zuckerausfuhrhafen **Ponta do Sol** 3 › S. 128 führt ein Abstecher nach **Lombada** 4 › S. 129, wo sich einst die größte Plantage befand. Ein Gutshaus blieb dort aus der Zeit des Zuckerexports im 15./16. Jh. erhalten. Fahren Sie nun auf die alte, kurvenreiche Landstraße, die weit oberhalb der Küste durch die Dörfer Canhas und Arco da Calheta führt. › mehr S. 12 Punkt  Hier wächst Zuckerrohr auf kleinen Feldern. Im winzigen Ort **Loreto** › S. 130 erinnert eine Kapelle an den Reichtum, den Madeira dem süßen Gras verdankte. In **Calheta** 5 › S. 130 wird Zuckerrohr in einer nostalgischen Mühle verarbeitet.

TOUR 9

WANDERN BEI CALHETA UND PRAZERES

ROUTE: Rabaçal › Cascata do Risco › 25 Fontes › Rabaçal (1. Tag); Rabaçal › Loreto (2. Tag); Prazeres › Raposeira (3. Tag)

KARTE: Seite 124

DAUER: 3 Tage; Fahrstrecke ab Calheta: 1. und 2. Tag: 20 km; 3. Tag: 15 km.

PRAKTISCHE HINWEISE:
- Wanderzeiten: 1. Tag: 2 Std.; 2./3. Tag: jeweils 3 Std.
- Anfahrt am 1. Tag mit Mietwagen/ Taxi, weiter im Shuttlebus. Am 2./3. Tag An- und Abfahrt mit dem Taxi (Calheta: Tel. 291 822 129; in Raposeira in den Dorfkneipen fragen).

TOUR-START:

Die erste Wanderung beginnt in **Rabaçal** 9 ⟩ S. 133, wohin Sie von der ER 105 mit dem Shuttlebus oder zu Fuß (etwa 30 Min.) gelangen. Dann geht es, mit einem Abstecher zum Zwillingswasserfall **Cascata do Risco** ⟩ S. 133, hinab zur **Levada das 25 Fontes** ⟩ S. 133 und auf dieser zu ihrem Ursprung bei den »25

Quellen«. Auch am nächsten Tag ist Rabaçal Startpunkt der Wanderung. Sie gehen durch den sog. Reitertunnel *(Túnel do Rabaçal)* zur Südseite der Insel und wandern dann auf Feld-, Wald- und Levadawegen 800 Höhenmeter nach **Loreto** ⟩ S. 130 hinunter.

Die dritte Wanderung führt von **Prazeres** 10 ⟩ S. 134 auf der von Wiesen und Eukalyptuswäldern gesäumten **Levada Nova** ⟩ S. 134 über das Dorf **Raposeira** 11 ⟩ S. 135, einen der ursprünglichsten Orte Madeiras, in den kleinen Ort **Lombada dos Marinheiros** 12 ⟩ S. 135.

VERKEHRSMITTEL
- **Busse:** Alle Orte im Westen werden von Rodoeste (www.rodoeste.pt) angefahren. Ribeira Brava hat häufige Verbindungen, in entlegene Orte verkehrt oft nur ein Bus tgl. Kein Linienbus zur Hochebene Paúl da Serra.

UNTERWEGS IM FERNEN WESTEN

RIBEIRA BRAVA 1 ▌ C5

In den Cafés an der Uferpromenade von Ribeira Brava (6000 Einw.) genießen Einheimische wie auch Touristen die Sonne und den Blick über das Meer. In der Nähe laden Souvenirläden, Boutiquen und eine kleine Markthalle zum Shopping ein. Die Hauptstraße Rua do Visconde führt auf die **Câmara Municipal** zu, das in einem Herrenhaus von 1776 untergebrachte Rathaus. Dessen exotischer kleiner Park ist während der

Dienststunden für Spaziergänger frei zugänglich.

Schon um 1440 begannen die ersten Siedler mit dem Bau der **Igreja de São Bento**. An der Spitze ihres mit weiß-blauen Fliesen verkleideten Turms fällt eine Armillarsphäre auf, das Symbol der portugiesischen Entdecker. Berühmteste Stücke im Inneren sind das Taufbecken und die Kanzel, beide aus manuelinischer Zeit (Praça da Igreja, Mo–Sa 7.30–13, 15–18 Uhr, So nur zu Messen, Eintritt frei).

Ein renoviertes Herrenhaus aus dem 17. Jh. beherbergt das **Museu Etnográfico da Madeira.** In stilvollem Rahmen zeigt das volkskundliche Museum traditionelle Geräte aus Landwirtschaft und Fischerei, Hausrat und Kunsthandwerk (Rua de São Francisco 24, Di–Fr 9.30–17, Sa 10–12.30, 13.30–17.30 Uhr, So, Mo geschl., Eintritt 3 €).

Ein sehr großzügiges **Meeresschwimmbad** am westlichen Ortsrand bietet Badespaß in einer geschützten, künstlich angelegten Bucht mit kleinem Strand, Pool und Kinderbecken sowie eine gute Infrastruktur (Eintritt frei).

INFO

Posto de Turismo

Das runde Forte de São Bento von 1708 gegenüber der Markthalle diente früher der Piratenabwehr.

- Passeio Marítimo | Ribeira Brava
  Tel. 291 951 675
  www.cm-ribeirabrava.pt
  Mo–Fr 10–16, Sa 10–12.30 Uhr

HOTEL

Bravamar €

Der moderne Bau an der Promenade ist vor allem bei Wanderern beliebt, die ab Ribeira Brava gute Busverbindungen vorfinden. Alle Zimmer mit Balkon.

- Rua Gago Coutinho e Sacadura Cabral 2A
  Ribeira Brava
  Tel. 291 952 220
  www.hotel-bravamar.com

RESTAURANTS

Borda d'Água €€

Das gepflegte Lokal an der Meeresbadeanlage zählt zu den renommiertesten Adressen für Fisch auf Madeira. Tipp: *Arroz de mariscos* (Meeresfrüchte-Reis).
- Ribeira Brava | Tel. 291 957 697

Dom Luís €€

An der Uferpromenade serviert das freundliche Lokal frischen Fisch und Stockfischspezialitäten. Auch schön für einen Kaffee im Freien.
- Ribeira Brava | Tel. 291 952 543

AUSFLUG ZUR HOCHEBENE PAÚL DA SERRA ⭐ 🔖 C/D4

Durch das Tal der Ribeira Brava geht es nordwärts. Nach starken Regenfällen macht der »Wilde Fluss« seinem Namen alle Ehre, wenn gewaltige Wassermengen schäumend talwärts schießen. Üppige Regenwälder umgeben den Pass von **Encumeada** **2**, den mit 1007 m niedrigsten Gebirgsübergang Madeiras. Bei gutem Wetter sieht man von der Aussichtsterrasse Nord- und Südküste zugleich.

HOTEL

Encumeada €

Das recht große, behagliche Berghotel steht einsam an einem Südhang unterhalb des Passes an der R105. Trotz der sonnigen Lage kann es hier oben, vor allem nachts, recht kühl werden. Guter Ausgangspunkt für Wanderungen.

- Feiteiras | Serra d'Água
  Tel. 291 951 282
  www.hotelencumeada.com

Fantastische Ausblicke auf die Südküste ergeben sich auf der Weiterfahrt in Richtung **Bica da Cana** (vorübergehende Straßensperrung, vgl. dazu S. 123). Vom dortigen Forsthaus erreicht man zu Fuß in 20 Min. auf einem Pflasterweg einen Miradouro, der aus 1620 m Höhe eine erstaunliche Aussicht auf das Tal von São Vicente gewährt. Jenseits der Encumeada sind die höchsten Gipfel Madeiras auszumachen. Die hier beginnende Hochebene **Paúl da Serra** (wörtlich »Gebirgssumpf«) könnte auch im schottischen Hochland liegen. Je früher der Morgen, desto größer die Wahrscheinlichkeit, wolkenfreien Himmel zu erleben. Im Winter ist alles kahl, ab Mai sprießt junges Grün als Futter für die vielen hier weidenden Rinder. Die riesige Baustelle eines Stausees für ein Pumpspeicherkraftwerk trübt bis auf Weiteres ein wenig das Vergnügen.

Nicht davon betroffen ist der **Pico Ruivo do Paúl** (1640 m) , der höchste Gipfel von Paúl da Serra. Allerdings überragt er die im Mittel 1500 m hohe Ebene kaum. So ist er mühelos zu besteigen, was sich wegen des Panoramas auf jeden Fall lohnt. An der Abzweigung zum Forsthaus **Estanquinhos** folgt man einer Levada nordwärts, durchquert ein Wäldchen und geht dahinter rechts hinauf (hin u. zurück ca. 1,5 Std.).

Im Waldweidegebiet am **Fanal** grasen die Schafe zwischen den wohl ältesten Lorbeerbäumen Madeiras. Vor allem der knorrige Stinklorbeer ist hier mit riesigen Exemplaren vertreten, die heute unter Naturschutz stehen. Am dortigen Forsthaus beginnt ein Weg, auf dem man in 15 Min. zu einem Natur-Miradouro mit Blick nach Norden schlendern kann.

PONTA DO SOL 3 ⭐ ▌ C5

In der malerischen Kleinstadt (4200 Einw.) empfiehlt sich der Besuch der **Igreja Nossa Senhora da Luz** (»Madonna des Lichts«). Das grün glasierte Keramiktaufbecken war ein Geschenk König Manuels I. Im Altarraum verdienen die barocken Azulejos und die holzgeschnitzte Decke besondere Beachtung, eine Arbeit im Mudéjarstil aus der Zeit um 1500 (Largo da Igreja, unregelmäßig geöffnet).

In der **Villa Passos** lebten einst die Vorfahren des US-Bestsellerautors John Dos Passos (1896–1970). Am Wappen mit dem Sternbild des Kleinen Wagens ist das Haus, das im Rahmen von Führungen zu besichtigen ist, zu erkennen (Rua Príncipe Dom Luís 3, Mo–Fr 9–17.30 Uhr, Eintritt frei).

Ein Straßentunnel trennt Ponta do Sol vom Ortsteil **Lugar de Baixo**. Hohe Felswände umrahmen eine schmale Küstenebene, auf der – dank des sprichwörtlich besten Klimas der Insel – Bananen prächtig gedeihen. Die kleinen Plantagen dienen zugleich als Gärten für Gemüse und Blumen. Schmale Fußwege führen durch die interessante Kulturlandschaft. Wer Bananenhaine hautnah erleben möchte, sollte sich einen Spaziergang durch den Ort nicht entgehen lassen. Manchmal lässt sich dabei beobachten, wie eine Plantage aus einer Levada bewässert wird. Im regierungseigenen **Centro de Bananicultura** unten an der Hauptstraße (nahe Tunnel Richtung Ribeira Brava) soll demnächst ein Bananenmuseum entstehen.

Hinter dem Bauzaun am Westrand von Lugar de Baixo verbirgt sich der größte **Jachthafen** Madeiras, der durch winterliche Sturmfluten wiederholt zerstört wurde, zuletzt 2013. Die Zukunft der Marina ist ungewiss.

Madeiras größte Zuckerrohrplantage war um das Jahr 1500 im höher gelegenen Ortsteil **Lombada da Ponta do Sol** 4 📕 C4 in Betrieb. An die 100 Sklaven sollen hier für einen flämischen Großgrundbesitzer und Zuckerhändler gearbeitet haben. Das Gutshaus *(solar)* blieb im Originalzustand erhalten (von außen zu besichtigen). Gegenüber steht die imposante Hauskapelle, daneben ist eine restaurierte, von einer Levada gespeiste Wassermühle noch funktionsfähig.

HOTEL

Enotel Baía €

Ein geschmackvoll modernes Design zeichnet das Hotel an der wenig befahrenen Uferstraße aus. Die charmanten Zimmer bieten durchweg Meerblick. Innenpool und Badegelegenheit am nahen Meer.
- Rua Dr. João Augusto Teixeira
  Ponta do Sol | Tel. 291 970 140
  www.enotelbaia.pt

RESTAURANTS

Sol Poente €€

Das ehemalige Gefängnis am Schiffskai ist ein ganz spezieller Ort, um hervorragenden Fisch und Meeresfrüchte zu speisen. Heute schaut man nicht mehr durch Gitterstäbe, sondern durch Panoramascheiben aufs Meer.
- Cais da Ponta do Sol
  Ponta do Sol | Tel. 291 973 579

Dos Amigos €

Wohl »der« Spezialist für Espetada im Südwesten Madeiras. Das urige Lokal ist auf ei-

FRISCHER FISCH AM STRAND

- Eine angesagte Adresse für Fisch und Meeresfrüchte in Funchal heißt **O Barqueiro** > S. 78.
- Der Klassiker in Câmara de Lobos, **Coral**, ist jetzt jüngst cool gestylt und präsentiert die Spezialität des Ortes, Degenfisch, auf edle Art > S. 83.
- Am Wochenende finden sich einheimische Familien gern im **Amarelo** in Caniçal ein, wo Fleisch gar nicht erst auf der Speisekarte steht > S. 105.
- Fangfrisches aus dem Meer hat im **Pólo Norte** in Porto Moniz seinen Preis, wird aber weithin gerühmt > S. 121.
- Näher am Atlantik geht es kaum, an der Badebucht von Ribeira Brava stehen die Tische des Lokals **Borda d'Água** > S. 127.
- Hinter dem Jachthafen von Calheta versteckt sich das kleine Restaurant **Beira Mar**, das Spezialitäten aus dem Meer auf der schattigen Terrasse serviert > S. 131.

nem Treppenweg (ca. 1 km ab Ortszentrum) zu erreichen, bietet aber auf Anfrage auch Abholservice.

• Estrada dos Combatentes 89
(ER 222 Richtung Canhas)
Ponta do Sol | Tel. 291 974 335

CALHETA 5 ▮ B4

Die Kleinstadt (3100 Einw.) fungiert als zentraler Ort des Südwestens. Nahe am Meer drängen sich in einer Schlucht die Häuser des alten Siedlungskerns zusammen.

In der **Igreja do Espírito Santo** sind die manuelinischen Verzierungen am Portal, die im Mudéjarstil geschnitzte Holzdecke im Chor und das Allerheiligste aus Silber und Ebenholz von besonderem Interesse (Vila, meist 10–13, 15–17 Uhr).

Mit dem **Engenhos da Calheta** ist nebenan eine Zuckermühle mit einem über 100 Jahre alten Maschinenpark zur Erntezeit im April/Mai noch in Betrieb. Auch zu anderen Zeiten ist eine Besichtigung möglich. Hier werden Rum und Zucker-sirup produziert und verkauft (Vila, Tel. 291 822 264, Mo–Fr 8–18, Sa, So 9–13, 14–18 Uhr, Eintritt frei, Glas Rum oder Zuckerrohrsaft in der Probierstube 0,60 €).

Schornsteine anderer ehemaliger Zuckermühlen am Küstensaum zeugen von Calhetas Glanzzeit als Zuckerrohranbaugebiet. Eine mit hellem Sand aufgefüllte Zwillings-badebucht lädt zum Badevergnügen ein, und im Jachthafen nebenan gibt es eine Reihe von Restaurants und Cafés. › mehr S. 14 Punkt ⑭

An der Straße zum oberen Ortsteil Estrela steht das **Mudas – Museu de Arte Contemporânea.** Ein Gutshaus von 1759 und ein Neubau, der 2005 für den Mies-van-der-Rohe-Preis nominiert war, zeigen zeitgenössische Kunst, die seit den 1960er-Jahren in Portugal entstand, darunter auch Werke einheimischer Künstler (Estrada Simão Gonçálvez da Câmara, Di–So 10–17 Uhr, Eintritt 4 €).

In **Loreto** lohnt die **Capela do Loreto** einen Blick. Zwar ist sie

---

💬 **ALLES AUS ZUCKERROHR**

Zwei nostalgische Fabriken (*engenhos*) in Calheta und Porto da Cruz pressen noch Zuckerrohrsaft und destillieren ihn zu weißem Rum (*aguardente de cana*). Eine kleinere Menge wird durch Lagerung in Eichenfässern zu *aguardente velha*, einem weichen braunen Rum. Ihn genießt man vorwiegend pur, während viele Wirte in den Ausflugskneipen im Gebirge den weißen Rum mit Honig und Zitronensaft zu *poncha* mixen. Dieser Drink hat es in sich und wärmt bei Kälte besser als jede Wärmflasche. Die Engenhos da Calheta produzieren auch Zuckersirup (*mel de cana*), ebenso eine Fabrik in Funchal. › **mehr S. 17 Punkt ㉟** Traditionell wurde damit zu Weihnachten Honigkuchen gebacken. Heute ist der *bolo de mel* das ganze Jahr über erhältlich, wie auch die makronenähnlichen *broas de mel*.

meist verschlossen, doch das Wesentliche offenbart sich auch von außen: das sorgfältig gearbeitete, manuelinische Südportal – eines der wenigen Zeugnisse aus der Epoche des Zuckerbooms. Nachkommen des Entdeckers Zarco, Besitzer der Ländereien von Loreto, erteilten 1510 den Auftrag zum Bau der Kapelle.

HOTELS

Atrio €€
In dem Landhaushotel am Waldrand sind Wanderer häufige Gäste. Alle werden von den deutschen Besitzern und ihrem netten Team mit einem reichhaltigen Frühstück verwöhnt und können sich über den Pool, den großen Garten, eine Kaminbar und den Yogaraum freuen.
• Lombo dos Moinhos Acima
  Estreito da Calheta
  Tel. 291 820 400
  www.atrio-madeira.com

Savoy Calheta Beach €€
Eines der beiden großen Ferienhotels von Calheta. Großzügiges Wellnessangebot. Zwischen Strand und Jachthafen gelegen.
• Av. D. Manuel I 3
  Vila da Calheta | Tel. 291 820 300
  www.savoycalhetabeach.com

Quinta das Vinhas €
Auf dem Gutshof wird Wein angebaut und gekeltert, zugleich dient das Herrenhaus (17. Jh.) als Landhotel. Selbstversorger können sich in Ferienhäusern, die sich in den Weinbergen verteilen, einmieten.
• Lombo dos Serrões
  Estreito da Calheta
  Tel. 291 820 040
  www.qdvmadeira.com

Blick ins Innere einer Zuckerrohrmühle in Calheta mit alten Maschinen

RESTAURANT

Beira Mar €
Das kleine Terrassenlokal hinter dem Hafen ist – wie könnte es anders sein – auf Fisch spezialisiert. Auch die Meeresfrüchte sind vorzüglich, etwa *arroz de marisco* (Meeresfrüchte-Reis).
• Av. D. Manuel I 8 | Vila da Calheta
  Tel. 291 822 442 | Mo geschl.

AUSFLÜGE VON CALHETA

MADALENA DO MAR **6** ▮ C4

An warmen Sommerabenden fahren die Madeirenser gerne hierher und flanieren über die mit Palmen bepflanzte Strandpromenade von Madalena do Mar (500 Einw.).

Liegeflächen aus Holzplanken erleichtern an der geschützten, wenngleich mit viel Kies überzogenen

Praia das Sonnenbaden. Sie erstreckt sich vor dem winzigen Fischerviertel **Banda d'Além**.

Von der ruhmreichen Vergangenheit des ansonsten vom Bananenanbau geprägten Dorfes – immerhin soll hier in der Zeit der Entdeckungsfahrer ein polnischer König unerkannt im Exil gelebt haben ﹥ S. 133 – ist nichts mehr zu spüren. Archäologische Ausgrabungen bei der Kirche und in dem angeblichen Wohnhaus des Monarchen blieben bisher ergebnislos.

﹥ S. 133

RESTAURANT

Preia-mar €€
Das feine Lokal bei der Kirche ist zeitgemäß gestylt. Die Gerichte mit Fisch und Meeresfrüchten sind großartig. ﹥ mehr S. 13 Punkt **13**
• Rua do IV Centenário
  Madalena do Mar
  Tel. 291 635 475 | Mo geschl.

﹥ mehr S. 13 Punkt **13**

JARDIM DO MAR **7** ▮ B4 UND PAÚL DO MAR **8** ▮ B4

Eng zusammengedrängt liegen die Häuser des malerischen Fischerdorfs **Jardim do Mar** (250 Einw.) am Meer. Die verwinkelten Gassen sind nur für Fußgänger passierbar, denen dekorative Holzwegweiser die Orientierung erleichtern.

Baden kann man am Portinho, dem kleinen Hafen, oder an der **Enseada** (10 Min. Fußweg vom Parkplatz), einer relativ ruhigen Bucht mit Kiesstrand.

Eine schier unzugängliche Steilküste trennt Jardim do Mar vom benachbarten Dorf **Paúl do Mar** (900 Einw.). Heute verbindet ein langer Tunnel die Dörfer. Am Westrand des schmalen Küstensaums von Paúl do Mar wird das Hafenviertel mit seinen engen Gassen fast erdrückt von einer senkrechten Felswand. Säuberlich aufgereiht liegen die Fischerboote am Kai.

Ein kleiner, geschützter Strand lädt nebenan zum Badevergnügen ein. Ihn bewacht eine riesige bronzene Fischerfigur, Symbol für den wichtigen Erwerbszweig im Ort.

Die einladenden Hafenkneipen sind für Durchreisende ein willkommener Stopp zur Einkehr. Am langen, der Brandung ausgesetzten Hauptstrand von Paúl do Mar tummeln sich die Wellensurfer. Ihre Treffs sind ein paar schräge Bars am Westrand des Ortes.

RESTAURANTS

Tar-Mar €€
Ein angenehmer Ort, um Meeresfrüchte und Fisch zu probieren, ist die große Aussichtsterrasse des gepflegten Lokals. Viele einheimische Gäste.
• Rua do Portinho 13
  Jardim do Mar
  Tel. 291 823 207

O Precipício €
Das einfache Lokal punktet mit einem grandiosen Ausblick auf Paúl do Mar. Spezialität sind Gerichte vom Grill.
• An der Straße nach Fajã da Ovelha
  Paúl do Mar | Tel. 291 872 425

RABAÇAL **9** ⭐ ▮ C4

Ein System von Levadas durchzieht das unwegsame, nach Norden hin orientierte Tal bei Rabaçal. Die Kanäle verlaufen durch zwei Tunnels zur Südseite Madeiras, um dort Bananen und Zuckerrohr zu bewässern. Beim großen Erdparkplatz auf der westlichen Verlängerung der Hochebene Paúl da Serra zweigt von der ER 105 eine 2 km lange, für Privatfahrzeuge gesperrte Stichstraße zur bewirtschafteten **Berghütte von Rabaçal** ab. Auf ihr verkehrt ein Shuttlebus (einfach 3 €, hin u. zurück 5 €). Die Zahl der Plätze ist begrenzt. Daher bleibt oft keine Wahl, als sich zu Fuß auf den Weg zu machen (30 Min. pro Strecke). Alternativ kann man an der Straße ER 211 Calheta–Paúl da Serra starten. Am Einstieg in den dortigen Waldweg parken meist schon die Minibusse von Wanderveranstaltern. In 20 Min. ist der »Reitertunnel« erreicht, dessen Höhe sprichwörtlich ausreicht, um einen Reiter zu Pferd passieren zu lassen. Zwar ist er zu Beginn tatsächlich sehr hoch, wird aber bald niedriger und

führt in weiteren 10 Min. (Taschenlampe!) zur **Levada das 25 Fontes,** dort rechts aufwärts nach Rabaçal.

Rabaçal ist ein hervorragender Ausgangspunkt für Levadawanderungen durch den Lorbeerdschungel. Ein Spaziergang auf dem beschilderten Weg **PR 6.1** führt zur **Cascata do Risco,** einem Wasserfall mit zwei Kaskaden (hin u. zurück 45 Min.). Als **PR 6** ausgewiesen ist der anspruchsvollere Weg zu den **25 Fontes.** Etwa 25 Quellen plätschern dort in ein Felsbecken (hin u. zurück 2 Std.); wer nicht schwindelfrei ist, könnte eventuell Probleme bekommen.

Von Rabaçal ist es auch möglich, in ca. 3 Std. nach Loreto ⟩ S. 130 hinunterzulaufen. Auf der **Levada das 25 Fontes** geht es in südlicher Richtung zunächst durch den »Reitertunnel«. Nach dem Tunnelausgang verlässt man die Levada und wandert nun stets bergab. Bei der **Levada da Rocha Vermelha** folgt man

---

🏛 DAS RÄTSEL UM HEINRICH DEN DEUTSCHEN

Nur eine Grabplatte und ein Gemälde, beide aus der Kirche von Madalena do Mar und heute in Museen in Funchal zu besichtigen (Museu de Arte Sacra bzw. Quinta das Cruzes ⟩ S. 75), erinnern an den geheimnisvollen Mann namens Henrique Alemão (»Heinrich der Deutsche«). Nach einer Legende soll es sich um den polnischen König Wladislaw III. gehandelt haben, der offiziell in der Schlacht von Varna (1444) im Kampf gegen die Türken starb. Einige Forscher meinen, er habe überlebt, sei nach Jerusalem gepilgert und habe den portugiesischen König – nur diesem offenbarte er wohl seine Identität – um Exil ersucht. Fest steht, dass Henrique Alemão 1454 nach Madeira kam und von Zarco Ländereien bei Madalena do Mar zugewiesen bekam. Angeblich spürten ihn dort zwei polnische Mönche auf, die ihren König zur Rückkehr bewegen wollten. Kurz darauf starb Henrique Alemão unter mysteriösen Umständen.

In der Umgebung von Rabaçal sind schöne Levadawanderungen möglich

ihr nach links bis zu ihrem Ende und dann bergab.

An der **Levada Nova,** auf die man nach ca. 1,5 Std. stößt, hält man sich links, geht durch zwei Täler und einen Fahrweg hinab zum Zentrum von Loreto mit seiner bemerkenswerten Kapelle.

RESTAURANT

Rabaçal Nature Spot Café €
Modern gestyltes Café in der Berghütte von Rabaçal, Kuchen und Snacks.
• Rabaçal | Tel. 963 797 356
  Tgl. 9–17 Uhr

Churrascaria Pico da Urze €
Die Grillstube neben einem geschlossenen Hotel verlockt bei schönem Wetter mit ihrer genialen Terrasse zum Verweilen und Schauen. Sollte es trübe sein, sitzt man drinnen gemütlich am Feuer.
• Rabaçal | Tel. 291 820 150

PRAZERES 10 ▮ B4

Neben der schmucken **Pfarrkirche** mit den sehenswerten Pflastermosaiken auf dem Vorplatz lohnt die **Quinta Pedagógica** im Park des alten Pfarrhauses den Besuch. Dort befindet sich ein Teehaus, in dem Kräutertees aus biologischem Anbau oder von Wildkräutern, feine Marmeladen und Apfelwein *(sidra)* verkauft werden. Kinder haben ihre Freude an dem kleinen Zoo (Rua da Igreja 3, www.facebook.com/prazeresdaquinta/, Eintritt frei, Zoo 1 €).
› mehr S. 17 Punkt 36

Gleich oberhalb der zentralen Kreuzung quert die **Levada Nova** die schmale Straße nach Paúl da Serra. Dieser können Wanderer durch blühende Wiesen, vorbei an Terrassenfeldern und durch Kiefernwälder folgen. Unterwegs erreicht man nach ca. 1 Std. **Raposei-ra** 11 📱 B3 und dort eine Bar (rechts die Dorfstraße hinauf), die als eine der urigsten Adressen Madeiras gilt.

Weiter entlang der Levada Nova mit schönen Ausblicken gelangt man nach insgesamt 3 Std. Wander-zeit in den winzigen Ort **Lombada dos Marinheiros** 12 📱 A3.

HOTEL

Jardim Atlântico €€
Nicht nur die Aussicht ist ein Plus des un-ter ökologischen Gesichtspunkten geführ-ten Ferienhotels. Die Qualität der Restau-rantküche und das Sport- und Wellnessangebot überzeugen.
• Lombo da Rocha | Prazeres
　Tel. 291 820 220
　www.jardimatlantico.com

RESTAURANT

Prazeres Rurais €
In rustikalem Rahmen gibt es absolut regi-onaltypische Schmorgerichte.
• Estrada dos Prazeres 72 | Prazeres
　Tel. 963 966 818 | Do geschl.

PONTA DO PARGO 13 📱 A3

Bei Ponta do Pargo (1100 Einw.) wei-tet sich die Landschaft. Die Bauern bewirtschaften ausgedehnte Felder, auf denen Maschinen zum Einsatz kommen – eine Seltenheit auf Ma-deira. Ein Schild mit der Aufschrift **Farol** weist den Weg zur Westspitze der Insel. ▶ mehr S. 15 Punkt ㉑ Ein noch recht neuer Tunnel führt unter dem Gelände hinweg, auf dem Ma-deiras dritter Golfplatz entstehen sollte, in spektakulärer Lage hoch

über der Steilküste. Jetzt wird er wohl nicht mehr fertiggestellt. Der Leuchtturm mit seiner roten Kuppel erfreut sich als Ausflugsziel großer Beliebtheit. Der Turm selbst darf nicht bestiegen werden. Im Inneren des Leuchtturmwärterhauses befasst sich eine Ausstellung mit den Leuchttürmen Madeiras (tgl. 9.30 bis 12, 14–16.30 Uhr, Eintritt frei).

Ein Abstecher führt über einen wenig befahrenen Abschnitt der ER 101, der sich durch Eukalptus-wälder nach **Achadas da Cruz** 14 📱 B2 windet. Das Bauerndorf mit 220 Einwohnern besitzt einen spek-takulären Miradouro in schwindel-erregender Höhe an der Bergstation des **Teleférico** (ausgeschildert). Die Seilbahn fährt zur Küstenebene **Calhau** (tgl. 8–12, 13–18 Uhr, Än-derungen möglich, hin/zurück 3 €).

Unten lässt sich ein Spaziergang durch Weinberge und am Strand entlang, wo das Baden zu gefährlich ist, unternehmen. Um die Weih-nachtszeit blüht auf dem Gesteins-schutt des Calhau der Madeira-Blaustern. Im Frühjahr hüllen sich die unter Naturschutz gestellten, angrenzenden Steilwände in ein üp-piges Blütenkleid.

RESTAURANT

A Carreta €
Früher wurden hier die Pferde gewechselt. Auch heute ist das Landgasthaus zwischen Ponta do Pargo und Achadas da Cruz einen Halt wert – für einen Kaffee im Freien oder die deftige regionale Küche. Einfache Pen-sionszimmer.
• Lombada Velha | Ponta do Pargo
　Tel. 291 882 163

PORTO SANTO

An den Felsen der Ponta da Calheta
endet der lange Sandstrand von
Porto Santo

Mit Sand und Sonne kann die kleine Schwester-insel Madeiras aufwarten. Das gebirgige Hinter-land lädt zum Wandern und Radfahren ein. Auch Christoph Kolumbus hat in der Hauptstadt seine Spuren hinterlassen.

Wer Sand, Sonne und Ruhe sucht, kommt auf Porto Santo auf seine Kosten. Madeiras kleine Nachbarin-sel wartet mit einem kilometerlan-gen, hellsandigen Strand auf, der sich an vielen Stellen noch ur-sprünglich mit Dünen und Melo-nenfeldern im Hinterland präsen-tiert. Lediglich im Sommer, wenn Porto Santo seine Einwohnerzahl verdoppelt, füllt er sich. Ein Tages-ausflug führt in die stille Hauptstadt Vila Baleira, in der Kolumbus einige Jahre verbrachte. Dann lohnt eine Inselrundfahrt zu den Klippen der Nord- und Westküste, den Vulkan-kegeln im zentralen Teil und durch fast verlassene Bauerndörfer. Sport-liche Abwechslung bieten Golf, Ten-nis oder Reiten, Radfahren und Wandern, wohlige Entspannung die Spa-Bereiche der großen Hotels.

TOUREN IN DER REGION

INSELRUNDFAHRT

ROUTE: Vila Baleira › Pico do Castelo › Camacha › Fonte da Areia › Serra de Dentro › Serra de Fora › Vila Baleira › Ponta da Calheta › Campo de Cima › Vila Baleira

---

KARTE: Seite 138
DAUER: 1 Tag; Fahrstrecke 37 km
PRAKTISCHE HINWEISE:
• Die Tour lässt sich mit Mietwagen, oder Taxi durchführen, bei ent-sprechend guter Kondition auch mit dem Fahrrad.

• Täglich um 14 Uhr bietet die Linienbusgesellschaft Moinho eine unkommentierte zweistündige Inselrundfahrt mit ähnlicher Rou-tenführung und kurzen Stopps an (7,50 €).

TOUR-START:
Ausgangspunkt ist die Inselhaupt-stadt **Vila Baleira** **1** › S. 139, wo Sie vor allem den Besuch des Kolum-busmuseums (Mo geschl.) nicht versäumen sollten. Nächstes Ziel ist der Aussichtspunkt am **Pico do Castelo** › S. 141 mit Blick über Vila Baleira.

Weiter geht es in den noch sehr ursprünglichen Weinbauernort **Ca-macha** **3** › S. 141 mit dem **Porto**

das Salemas ④ › S. 142, einem Badeplatz in den bizarren Felsen der Nordküste. Anschließend fahren Sie durch eine einsame Berglandschaft und fast verlassene Weiler, in denen heute nur noch sehr wenige Bewohner ausharren.

Am Aussichtspunkt **Portela** › S. 142 genießen Sie den Blick über den langen Sandstrand von Porto Santo. Ihn begleitet eine Straße bis zur Westspitze, der **Ponta da Calheta** ⑧ › S. 142, wo ein Fischlokal mit Außenterrasse zur Rast einlädt. Entweder zurück über die Küstenstraße oder – mit einem geeigneten Fahrzeug – über eine gut befahrbare Piste durch das Inselinnere gelangen Sie nach **Campo de Cima** ⑥ › S. 142, dem »Windmühlenort« von Porto Santo. Jetzt ist es nicht mehr weit bis Vila Baleira.

DREI WANDERTAGE AUF PORTO SANTO

ROUTE: Camacha › Pico do Castelo (1. Tag); Vila Baleira › Ponta da Calheta (2. Tag); Serra de Dentro › Terra Chã › Serra de Dentro (3. Tag)
KARTE: Seite 138
DAUER: 3 Tage; Fahrstrecke ab Vila Baleira 1. Tag: 9 km; 2. Tag: 6 km; 3. Tag: 12 km.
PRAKTISCHE HINWEISE:
• Wanderzeit 1. Tag: 1,5 oder 2,5 Std.; 2. Tag: 2,5 Std.; 3. Tag: 2 Std.

- Als Standort ist Vila Baleira ideal.
- An- und Abfahrt am 1. Tag erfolgen am besten per Taxi (Taxis in Vila Baleira: Tel. 291 982 334).
  Am 2. Tag ist die Rückfahrt ab Ponta da Calheta auch mit dem Linienbus möglich. Die Wahl zwischen Mietwagen, Taxi und Fahrrad (anstrengend!) besteht am 3. Tag.
- Klimatisch angenehm sind Herbst, Winter und Frühjahr. In den Sommermonaten kann es recht heiß werden.

TOUR-START:

Wer sich mehrere Tage auf Porto Santo aufhält, hat Gelegenheit, die Insel per pedes gründlich kennenzulernen. Drei Wanderungen bieten sich an. Die erste führt rund um den Vulkankegel **Pico do Castelo** › S. 141, der durch Aufforstung ein grünes Pflanzenkleid erhalten hat.

Am zweiten Tag starten Sie von Ihrem Hotel zu einer langen Strandwanderung entlang der **Praia do Porto Santo** 2 › S. 140. Sie bringt Sie zur malerischen **Ponta da Calheta** 8 › S. 142, wo Sie in einem Fischrestaurant einkehren können, bevor Sie nach Vila Baleira zurückfahren. Die dritte Wanderung beginnt nördlich des verlassenen Weilers Serra de Dentro und verläuft über die einsame, botanisch sehr interessante ×Hochfläche Terra Chã › S. 142.

VERKEHRSMITTEL

- **Busse:** Moinho-Busse bedienen von Vila Baleira aus alle Inselorte: nach Serra 2 × tgl., Camacha 4–5 × tgl., in die Orte an der Südküste bis zu 8 × tgl. Linie 5 startet 45 Min. vor Auslaufen der Fähre › **unten** zum Hafen und steht dort auch bei den Fährankünften bereit. Zentrale Haltestelle in Vila Baleira: Avenida Dr. Manuel Pestana Junior (bei der Tankstelle).
- **Autofähre:** Richtung Funchal 1–2 × tgl. (im Winter entfällt Di; Januar keine Fahrten) › **S. 25**. Büro in Vila Baleira: Rua Est. Alencastre, Tel. 291 982 938.

UNTERWEGS AUF PORTO SANTO

VILA BALEIRA 1 📖 H1

In der Hauptstadt lebt etwa die Hälfte der 5500 Inselbewohner, offiziell heißt sie seit einigen Jahren Cidade do Porto Santo. Am zentralen **Largo do Pelourinho** steht die **Casa da Câmara Antiga**; den Treppeneingang des historischen Rathauses aus 16. Jh. flankieren Drachenbäume. Zwischen den weißen Häusern der beschaulichen Stadt ragen Palmen auf.

Die **Igreja Nossa Senhora da Piedade** nebenan schmückt ein blauweißes Fliesenmedaillon unter dem Ziegeldach. Nach Schäden durch Piratenangriffe musste sie im 17. Jh. fast vollständig erneuert werden – entsprechend dem damals vorherrschenden Stil des Barock. In der Kirche befindet sich ein Altar-

Der Largo do Pelourinho bildet den Mittelpunkt der Inselhauptstadt Vila Baleira

bild von Max Römer, einem deutschen Maler, der in der ersten Hälfte des 20. Jhs. auf Madeira lebte.

In der Gasse hinter der Kirche verbirgt sich die **Casa Colombo – Museu do Porto Santo** mit einer modern gestalteten Ausstellung zu den portugiesischen und spanischen Entdeckungsfahrten des 15./16. Jhs. (Di–Sa 10–12.30, 14–17.30, Juli–Sept. bis 19, So 10–13 Uhr). In einem der beiden Museumsgebäude (oder dessen Vorgängerbau) soll Christoph Kolumbus gewohnt haben. Einige Jahre vor seiner ersten Atlantiküberquerung (1492) lebte er mit seiner Frau Filipa Moniz eine Zeit lang auf Porto Santo.

Größte Attraktion von Vila Baleira wie auch der ganzen Insel ist die **Praia do Porto Santo** 2 12, ein goldgelber Sandstrand, der sich auf 8 km Länge fast über die gesamte Südküste hinweg erstreckt. Vor der Stadt ist der Abschnitt **Praia da Fontinha** am besten erschlossen, was sanitäre Anlagen etc. betrifft. Richtung Westen wird es einsamer. Dort schließt hinter dem Strand ein Dünengürtel an, in dem Weinreben und Zuckermelonen gedeihen – flach am Boden vor Wind geschützt.

INFO

Posto de Turismo

Im Centro de Artesanato gibt es Informationen zu den Wanderwegen auf der Insel.
- Av. Dr. Manuel Pestana Junior
  Vila Baleira | Tel. 291 985 244
  www.visitportosanto.pt
  Mo–Fr 9–17.30, Sa 10–12.30 Uhr

HOTELS

Torre Praia €€€
Das architektonisch ansprechende Hotel ist zentral am Strand gelegen. Die Zimmer sind recht luxuriös eingerichtet.
- Rua Goulart Medeiros | Vila Baleira
  Tel. 291 980 450
  www.portosantohotels.com

Porto Santo €€
Etwas außerhalb von Vila Baleira, doch gut zu Fuß zu erreichen, liegt das 4-Sterne-Hotel mit 100 Zimmern, die in einem farbenfrohen mediterranen Stil gestaltet sind. Der Garten reicht bis zum Palmenstrand.
• Campo de Baixo | Vila Baleira
  Tel. 291 980 140
  www.hotelportosanto.com

RESTAURANT
Baiana €
Von der Terrasse des beliebten Treffs ist das Treiben auf dem schattigen Platz zu beobachten. Bodenständige Küche.
• Largo do Pelourinho | Vila Baleira
  Tel. 291 984 649

SHOPPING
Centro de Artesanato
Präsentation der Produkte der örtlichen Kunsthandwerker: Krippenfiguren aus Ton und Geflochtenes aus Palmstroh.
• Av. Dr. Manuel Pestana Junior | Vila Baleira

NIGHTLIFE
Pé na Água
Trendige Strandbar, oft mit DJ-Events oder Beachvolleyball. Zum Cocktail speist man Meeresfrüchte.

• Praia da Fontinha | Vila Baleira
  Tel. 291 985 242
  Tgl. 10–24, Fr, Sa bis 2 Uhr

RUNDFAHRT DURCH DEN INSELNORDEN

Ein toller Blick über die karge Ebene im Zentrum der Insel bietet sich vom Miradouro an der Südflanke des **Pico do Castelo** (437 m), der ein wenig an den Zuckerhut von Rio erinnert. Uneinnehmbar wie eine natürliche Burg, war sein Gipfel Zufluchtsort der Inselbewohner bei den häufigen Piratenüberfällen.

Der Wanderweg **PS PR 2 Vereda do Pico Castelo** führt in zwei Varianten (1,5 oder 2,5 Std.) um den Berg und an die Flanken von **Pico do Facho** (Fackelberg). Auf dem Gipfel des mit 517 m höchsten Inselberges wurden Alarmfeuer entzündet, wenn Piratenschiffe zu sehen waren.

Das kleine Bauern- und Winzerdorf **Camacha** 3 ▮ H1 verfügt über eine große Sehenswürdigkeit: das **Museu Cardina**. Liebevoll hat José

🗨 RÜCKKEHR DES WALDES

Aufforstungsmaßnahmen der vergangenen Jahrzehnte gaben dem Pico do Castelo seine Waldkappe zurück. Mühsam versucht die Forstbehörde heute, weitere Berge im Inneren Porto Santos wieder zu begrünen. Die ersten Siedler hatten im 15. Jh. noch dichte Vegetation und fruchtbaren Boden vorgefunden. Sie rodeten das Land und bauten Getreide an. Doch die Bodenkrume trocknete durch übermäßige Nutzung aus und wurde durch Regenwasser nach und nach ins Meer gespült. Für jeden Baum oder Strauch müssen die Forstleute einen Trichter graben, ihn mit gedüngter Erde befüllen und dann jahrelang bewässern, bevor die Pflanzaktion als erfolgreich gelten kann.

Cardina eine Sammlung von alten Gerätschaften und die von ihm angefertigten Windmühlenmodelle arrangiert (Estrada Domingos de Ornelas, Mi 10.30–18.30, Do–Sa 10.30–12.30, 14.30–18.30 Uhr, So bis Di, Fei geschl., Eintritt frei).

Durch die Weinfelder von Camacha geht es zur bizarren Nordküste. Hier liegt, von seltsam geformten Lavaklippen eingerahmt, der **Porto das Salemas** 4 ▮ H1. Einen Hafen gibt es hier allerdings schon lange nicht mehr. Heute nutzen die Einheimischen die kiesige Bucht, in der sich ein paar helle Sandflecken verteilen, als Badeplatz.

Im Nordosten der Insel wird es gebirgiger. Viele Terrassenfelder an den Berghängen liegen schon seit Jahrzehnten brach, die Weiler **Serra de Dentro** 5 ▮ H1 und **Serra de Fora** sind großenteils verlassen.

Nördlich von Serra de Dentro beginnt der markierte Wanderweg **PS PR1** zur einsamen Hochebene **Terra Chã**, deren Küste steil zum gurgelnden Atlantik abfällt (hin u. zurück gesamt 2 Std.). Die Gegend zeichnet sich durch eine seltene, unter Schutz gestellte Flora aus.

Beim Pass **Portela** erreicht die Rundstraße wieder die Südküste. Von hier aus präsentiert sich der Strand in voller Länge.

HOTEL

Quinta do Serrado €
Am Nordhang des Pico do Castelo steht das kleine, aus Naturstein gebaute Hotel im Landhausstil, mit wunderbarem Ausblick aufs Meer. Weitläufige Anlage mit vielen romantischen Winkeln.

• Sítio do Pedregal | Tel. 291 980 270 z. B. über www.booking.com

RESTAURANT

Torres €€
Auf der lauschigen, wunderbar dekorierten Terrasse genießt man den vor Ort gekelterten, bernsteinfarbenen Weißwein aus der Verdelho-Rebe. Für das in der Familie über Generationen hinweg weitergegebene Rezept für Tintenfisch ist das Lokal bekannt.
• Camacha | Tel. 291 984 373

AUSFLUG ZUR SÜDSPITZE

Südwestlich von Vila Baleira lohnt sich der Abstecher nach **Campo de Cima** 6 ▮ H1 wegen der zahlreichen Windmühlen. Einige von ihnen sind heute noch funktionsfähig.

Hinter der **Praia do Porto Santo** schießen in **Campo de Baixo** und **Ponta** mittlerweile die Ferienhäuser wohlhabender Ausländer wie Pilze aus dem Boden. Einige komfortable Hotels sind in **Cabeço da Ponta** 7 ▮ H2 entstanden.

An der Südwestspitze, der **Ponta da Calheta** 8 ▮ G2, locken bizarre Felsen zu Erkundungen. Vor der Küste liegt das unbewohnte Eiland **Ilhéu de Baixo**. Einst wurde dort Kalkstein abgebaut.

RESTAURANT

Ponta da Calheta €€
Frischer Fisch und die einmalige Lage zwischen Strand und Küstenfelsen machen den Reiz des Terrassenlokals mit großartiger Aussicht aus.
• Ponta da Calheta | Tel. 291 985 322

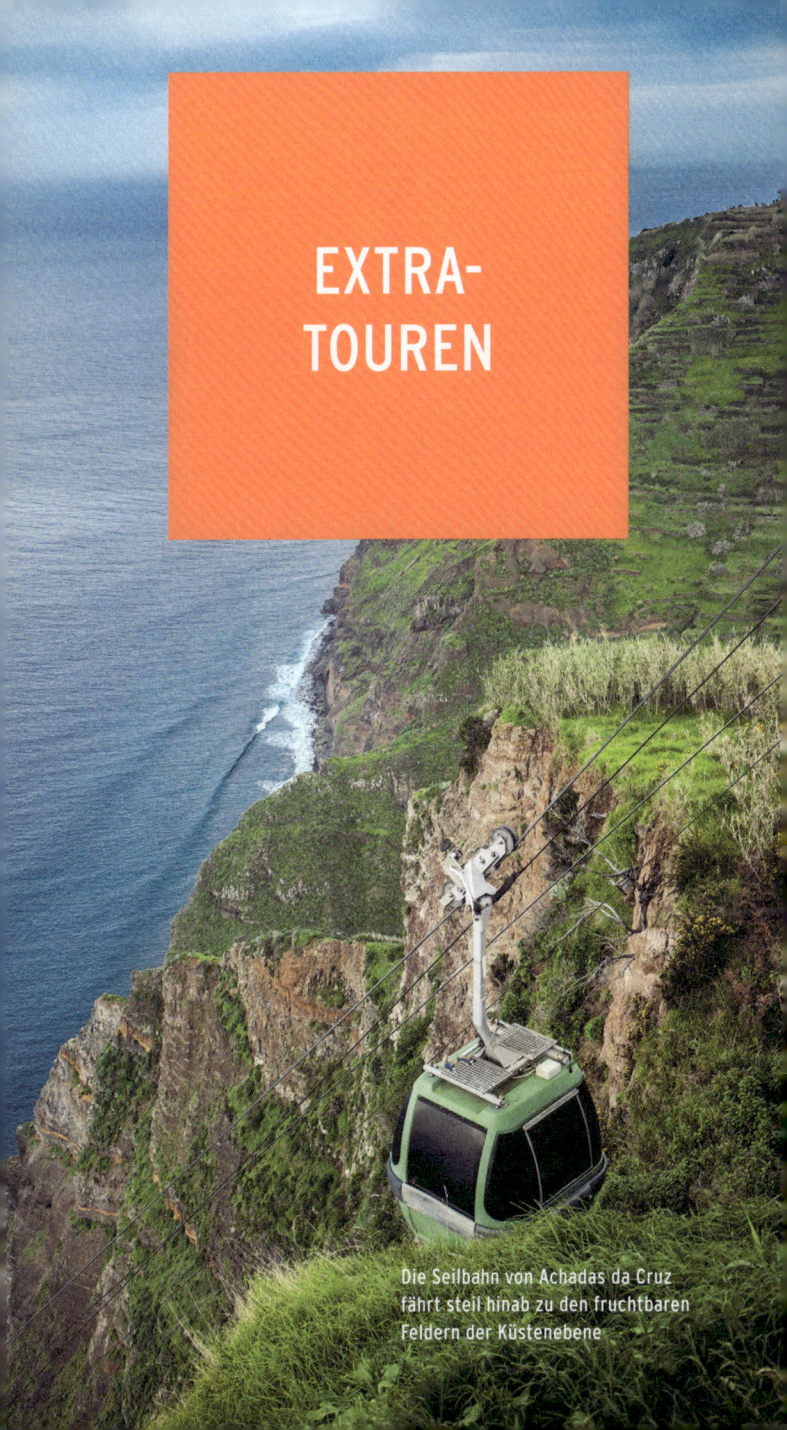

EXTRA-TOUREN

Die Seilbahn von Achadas da Cruz
fährt steil hinab zu den fruchtbaren
Feldern der Küstenebene

RUND UM MADEIRA IN EINER WOCHE

ROUTE: 1. TAG: Santa Cruz (Ankunft); Machico > Ponta de São Lourenço > Porto
da Cruz > Santana; 2. TAG: Queimadas > São Vicente > Porto Moniz; 3. TAG: Ponta
do Pargo > Paúl do Mar > Calheta; 4. Tag: Paúl da Serra > Ribeira Brava > Câmara
de Lobos > Funchal; 5. TAG: Pico do Arieiro > Ribeiro Frio > Monte > Funchal;
6. TAG: Palheiro Gardens > Camacha > Santo da Serra > Santa Cruz
DISTANZEN: 1. TAG: 58 km; 2. TAG: 62 km; 3. TAG: 40 km; 4. TAG: 69 km;
5. TAG: 56 km; 6. TAG: 38 km
VERKEHRSMITTEL: Die Tour ist nur mit einem Mietwagen durchführbar (ab/bis
Flughafen buchen). Linienbusse verkehren in den Norden und Westen selten und
zeitlich ungünstig, ins Inselinnere fast gar nicht.

Mit fast täglichem Wechsel der Unterkunft umrunden Sie die Insel entgegen
dem Uhrzeigersinn, zwei Abstecher in die Berge eingeschlossen. Ausgangs-
und erster Übernachtungsort ist **Santa Cruz** > S. 97, wo Sie sich in der ange-
nehmen Atmosphäre einer Kleinstadt auf Madeira einstimmen können. Der
nächste Tag beginnt mit der Besichtigung der historischen Stadt **Machico**
> S. 100, anschließend fahren Sie auf der alten Landstraße weiter ins Fischer-
dorf **Caniçal** > S. 105 und auf die bizarre Halbinsel **Ponta de São Lourenço**
> S. 106. Zurück geht es, jetzt auf der Schnellstraße, nach Machico und weiter
– der tollen Ausblicke wegen – zum **Portela-Pass** > S. 106. In einem der
Bergrestaurants besteht gute Gelegenheit, die Inselspezialität *espetada*, den
Fleischspieß, zu probieren. Am Nachmittag steht der Winzerort **Porto da
Cruz** > S. 107 auf dem Programm, Beifahrer sollten sich den lokalen Land-
wein, der nur offen ausgeschenkt wird, nicht entgehen lassen. Großartige
Panoramen machen die Fahrt auf der alten Straße nach **Santana** > S. 114
(Übernachtungsort) zum abschließenden Genuss des Tages.

Am nächsten Morgen führt eine schmale Straße durch üppigen Lorbeerwald zum Rhododendronpark **Queimadas** > S. 115. Nach diesem Abstecher
geht es in geruhsamem Tempo entlang der noch sehr ursprünglichen Nordküste. Ein Halt lohnt in **Arco de São Jorge** > S. 116, schon wegen des Rosa-
riums und des Weinmuseums. **São Vicente** > S. 118 ist das nächste Ziel, perfekt für eine Mittagspause in einem Fischrestaurant am Meer, ehe Sie die
Grutas > S. 118, ein interessantes System von Vulkanhöhlen, besuchen.
Übernachtungsziel ist der Badeort **Porto Moniz** > S. 120 mit seinen Piscinas
Naturais.

Den waldreichen, dünn besiedelten Nordwesten durchfahren Sie am Vormittag des 3. Tages. In **Ponta do Pargo** › S. 135 geht es zum Leuchtturm auf Madeiras Westspitze an. Eine weitere grandiose Aussicht bietet sich vom Restaurant Precipício, bevor Sie die letzten Serpentinen hinab nach **Paúl do Mar** › S. 132 kurven. Hier wie im benachbarten Küstenort **Jardim do Mar** › S. 132 lässt sich noch das Madeira vergangener Jahrhunderte erspüren. In **Calheta** › S. 130 (Übernachtungsort) können Sie am späten Nachmittag Strandleben genießen, und am Abend den quirlige Jachthafen.

Tags darauf geht es zur Hochebene **Paúl da Serra** › S. 127 und, begleitet von grandiosen Ausblicken, zur Passhöhe **Encumeada** (vorübergehende Straßensperrung, vgl. dazu S. 123). Bei **Ribeira Brava** › S. 126 wird wieder die Küste erreicht. Mit einem Abstecher zum **Cabo Girão** › S. 83 gelangen Sie auf der Schnellstraße rasch in den Fischerort **Câmara de Lobos** › S. 81. Für die letzten Kilometer bis **Funchal** › S. 65 aber bietet sich die landschaftlich schönere alte Küstenstraße an. In der Hauptstadt folgen zwei Übernachtungen.

Ein Tagesausflug führt am frühen Morgen, ehe die Wolken die Berge verhüllen, zum Gipfel des **Pico do Arieiro** › S. 80. Nächstes Ziel ist **Ribeiro Frio** › S. 109 mit seinem Lehrpfad im Lorbeerwald und der Forellenzucht (mit Restaurants!). Am Nachmittag steht der Villenort **Monte** › S. 85 auf dem Programm, wo es eine Wallfahrtskirche mit dem Grab des letzten Kaisers von Österreich sowie zwei wunderschöne Parks zu sehen gibt. Tags darauf fahren Sie in den grünen Teil des Inselostens: besichtigen die **Palheiro Gardens** › S. 89, statten den Korbflechtern im Café Rélogio in **Camacha** › S. 95 einen Besuch ab und spazieren durch eine ehrwürdige Quinta in **Santo da Serra** › S. 98. Letzte Übernachtung in **Santa Cruz** › S. 97.

Jardim do Mar liegt auf einer Terrasse am Fuß steiler Felshänge

EINE WOCHE WANDERN AUF MADEIRA

> **ROUTE: 1. TAG:** Funchal (Standort) › Ponta de São Lourenço; **2. TAG:** Von Boa Morte
> zum Cabo Girão; 3. Tag: Panoramaweg am Pico do Arieiro; **4. TAG:** Auf den Levadas
> von Rabaçal; **5. TAG:** Abstieg vom Aussichtspunkt Eira do Serrado nach Curral das
> Freiras; **6. TAG:** Auf der Levada do Caldeirão Verde bei Queimadas
>
> **WANDERZEITEN:** (Fahrstrecken in Klammern)
> **1. TAG:** 3,5 Std. (61 km); **2. TAG:** 3 Std. (35 km);
> **3. TAG:** 4,5 Std. (70 km); **4. TAG:** 1,5 Std. (26 km);
> **5. TAG:** 2,5 Std. (100 km); **6. TAG:** 4 Std. (90 km)
>
> **VERKEHRSMITTEL:** Die Wanderungen am 1., 2. und 4. Tag sind mit dem Linienbus
> durchführbar. Am 3. Tag benötigen Sie ein Taxi, das Sie zum Ausgangspunkt bringt
> und am Endpunkt abholt. Nur mit einem Mietwagen zu organisieren sind die Wan-
> derungen am 5. und 6. Tag.

Dass sich die sehr unterschiedlichen Landschaften Madeiras auch zu Fuß
entdecken lassen, erleben Sie mit diesem 6-Tage-Programm. Das Mitnehmen von Proviant ist an allen Tagen angeraten, nur am vierten und fünften
Tag gibt es die Möglichkeit einzukehren.

Der erste Wandertag führt auf die **Ponta de São Lourenço** › S. 106, die
felsige Ostspitze. Vom Parkplatz an der **Baía da Abra** › S. 106 laufen Sie zur
idyllisch gelegenen **Casa do Sardinha** › S. 106 und weiter auf die **Ponta do
Furado** › S. 106 mit großartigem Meer- und Inselblick.

Am zweiten Tag lernen Sie mit der **Levada do Norte** › S. 83 den ersten
der legendären Bewässerungskanäle Madeiras kennen. Sie fahren bis **Ribeira Brava** › S. 126, steigen dort in den Linienbus bis **Boa Morte** › S. 83 und
wandern dann ohne Höhenunterschiede zwischen Terrassenfeldern und
durch stille Kiefernwälder bis zum spektakulären **Cabo Girão** › S. 83. Linienbus zurück nach Ribeira Brava.

Ein Highlight unter allen Wanderstrecken ist die Gipfeltour › S. 80 vom
Pico do Arieiro zum **Pico Ruivo** › S. 80. Wenn Sie über die Flanke des **Pico
das Torres** › S. 80 steigen, benötigen Sie eine Stunde länger. Endpunkt der
Tour ist die **Achada do Teixeira** › S. 81, wo Sie sich von einem Taxi abholen
lassen.

Am vierten Tag fahren Sie nach **Eira do Serrado** › S. 84 und machen zu
Fuß zunächst einen kurzen Abstecher zum gleichnamigen Aussichtspunkt:
800 m senkrecht in die Tiefe blicken zu können ist ein besonderes Erlebnis.

Auf dem nun folgenden recht steilen Abstieg nach **Curral das Freiras** › S. 84 begeistern großartige Ausblicke in das Nonnental. Genuss für den Gaumen verheißen die Restaurants des Ortes mit Spezialitäten aus Edelkastanien.

Eine relativ lange Anfahrt zur Hochebene Paúl da Serra erwartet Sie am fünften Tag. Sie queren die Hochebene auf der Straße ER 105 Richtung Porto Moniz und parken an der Abzweigung nach **Rabaçal** › S. 132. Die schmale Straße ist für Privatfahrzeuge gesperrt, aber in kurzen Abständen verkehrt ein Shuttlebus. Ab Rabaçal laufen Sie zum Zwillingswasserfall **Cascata do Risco** › S. 133 und dann auf einer etwas tiefer gelegenen Levada zum idyllischen Quelltopf der **25 Fontes** › S. 133.

Der letzte Wandertag (Picknick mitnehmen!) führt Sie abermals auf einer Levada durch dichten Lorbeerwald. Ausgangspunkt ist der Rhododendronpark von **Queimadas** › S. 115. Über Brücken und durch Tunnels laufen Sie von dort – immer in etwa derselben Höhenlage – bis zum **Caldeirão Verde** › S. 115, dem grünen Kessel voller Farne: Ein herrlicher Ort, um vor der Kulisse eines hohen Wasserfalls geruhsam zu picknicken, ehe man nach Queimadas zurückkehrt.

Grandiose Ausblicke ergeben sich auf dem Panoramaweg im Inselzentrum

ZWEI WOCHEN GEMÄCHLICH: MADEIRA UND PORTO SANTO

ROUTE: **1. TAG:** Caniço de Baixo (Standort auf Madeira); Funchal und Monte; **2. TAG:** Jardim Botânico und Palheiro Gardens; **3. TAG:** Grüne Hügel im Osten zwischen Camacha und Portela; **4. TAG:** Pico do Arieiro und Ribeiro Frio; **5. TAG:** Santa Cruz, Machico und die Halbinsel São Lourenço;
6. TAG: Rundfahrt durch den Inselwesten; **7. TAG:** Câmara de Lobos, Cabo Girão, Nonnental; **8. TAG:** In den Norden bei Santana; **9. TAG:** Badetag in Caniço de Baixo; **10. TAG:** Fähre Funchal–Porto Santo (fortan Standort Vila Baleira): **11. TAG:** Strandwanderung; **12. TAG:** Rundfahrt durch das Inselinnere und den Norden; **13. TAG:** Zur Ponta da Calheta und in den Westen
DISTANZEN: **1. TAG:** 26 km; **2. TAG:** 30 km; **3. TAG:** 55 km; **4. TAG:** 67 km; **5. TAG:** 53 km; **6. TAG:** 128 km; **7. TAG:** 92 km; **8. TAG:** 72 km; **9. TAG:** 0 km; **10. TAG:** 18 km (und Fährüberfahrt Madeira – Porto Santo); **11. TAG:** 0 km; **12. TAG:** 24 km; **13. TAG:** 17 km
VERKEHRSMITTEL: Die beiden ersten Programmtage auf Madeira lassen sich gut mit dem Linienbus bzw. nach Monte mit der Seilbahn durchführen. Für die Ausflüge vom 3. bis 8. Tag empfiehlt sich ein Mietwagen. Zur Fähre in Funchal gelangt man am 10. Tag mit dem Taxi. Die Überfahrt nach Porto Santo dauert gut zwei Stunden. Dort warten Taxis am Hafen. Für die Ausflüge auf Porto Santo am 12. und 13. Tag sind Mietwagen oder Taxi ideal, bei guter Kondition sind die Strecken mit dem Fahrrad zu schaffen.

Mit diesem Zwei-Wochen-Programm lernen Sie Madeira sowie Porto Santo von jeweils nur einem Standort aus intensiv und dennoch völlig entspannt kennen. Es bleibt genügend Zeit zum Baden und Bummeln. Zunächst beziehen Sie für 10 Nächte Quartier in Caniço de Baixo.

Funchal › S. 65 ist das erste Ziel. Ein gemütlicher Stadtrundgang nimmt den Vormittag in Anspruch – vorbei an der Kathedrale, sehenswerten Palästen und Museen, auf der Meerespromenade, durch tropische Gärten und die lebhaften Fußgängerzonen. Nach dem Mittagessen in einem der Altstadtlokale steigen Sie in die Seilbahn nach **Monte** › S. 85, dem romantischen Villenvorort mit Wallfahrtskirche und exotischen Parks.

Der zweite Tag steht ganz im Zeichen der prachtvollen Gärten. Zunächst ein Spaziergang durch den herrlichen **Jardim Botânico** › S. 88, abgerundet mit einer kleinen Stärkung in der Cafeteria, ehe Sie zu den **Palheiro Gar-**

Steil ins Meer abfallende Berge an der Nordküste Madeiras

dens › S. 89 aufbrechen. Am dritten Tag erkunden Sie die grünen Berghänge oberhalb von Caniço de Baixo. Interessant ist ein Blick in die Werkstätten der Korbflechter von **Camacha** › S. 95, während wunderbare subtropische Spezies im Park von **Santo da Serra** › S. 98 staunen lassen. Rückweg über die Passhöhe **Portela** › S. 106.

Tag 4 wird abenteuerlich: Nach dem Gipfelsturm am **Pico do Arieiro** › S. 80 – sehr komfortabel per Auto möglich – tauchen Sie ein in den Lorbeerwald von **Ribeiro Frio** › S. 109, wo eine kurze Levadawanderung mit dem herrlichen Ausblick am **Balcões** › S. 109, wörtlich »die Balkone«, gekrönt wird. Tags darauf locken im Inselosten die historischen Kleinstädte **Santa Cruz** › S. 97 und **Machico** › S. 100 mit bescheidenen, aber interessanten Sehenswürdigkeiten. Höhepunkt der Fahrt ist die bizarre Halbinsel **Ponta de São Lourenço** › S. 106.

Der längste Tagesausflug führt in den bis vor wenigen Jahren noch abgelegenen, jetzt aber angesagten Westen der Insel, wo erste Stopps in den Küstenstädtchen **Ribeira Brava** › S. 126 und **Ponta do Sol** › S. 128 lohnen. Über die karge Hochebene **Paúl da Serra** › S. 127 gelangen Sie zur nordwestlichsten Ecke der Insel, nach **Porto Moniz** › S. 120 – mittags sollte man dort unbedingt Fisch essen. Auf der Weiterfahrt entlang der Nordküste genießen Sie am Aussichtspunkt **Véu da Noiva** › S. 120 den Blick auf Berge und Meer und schlendern durch den malerischen Ort **São Vicente** › S. 118. Sofern inzwischen keine Wolkendecke die Berge verhüllt, bietet sich zurück zur Südküste die landschaftlich schöne Strecke über den Pass **Encumeada** › S. 127 an. Alternativ durch den Encumeada-Tunnel abkürzen.

Tag 8 wird wieder gemächlicher. Der urige Fischerort **Câmara de Lobos** › S. 81, die Steilklippe des **Cabo Girão** › S. 83 und das Nonnental erwarten Sie. In Letzterem besuchen Sie den spektakulären Aussichtspunkt **Eira do Serrado** › S. 84, bevor Sie zum Ort **Curral das Freiras** › S. 84 in einen Talkessel hinabfahren. Der letzte Madeira-Tag führt in den Nordosten, wo Sie durch den Winzerort **Porto da Cruz** › S. 107 schlendern, die Strohhäuser von **Santana** › S. 114 besichtigen und im Rhododendronpark von **Queimadas** › S. 115 das Farbenspiel der Blüten auf sich wirken lassen. Am 9. Tag heißt es dann: entspannen am Pool Ihres Hotels oder ins Ortszentrum von **Caniço** › S. 94 spazieren.

Am 10. Tag fahren Sie (samt Gepäck) morgens zum Hafen von Funchal, um mit der Fähre nach Porto Santo überzusetzen. Für vier Nächte beziehen Sie in **Vila Baleira** › S. 139 Quartier. Am Nachmittag erkunden Sie die kleine Hauptstadt. Auch den folgenden Tag lassen Sie ruhig angehen: ein Spaziergang am 8 km langen Sandstrand oder nur Baden und Faulenzen. Am 3. Tag brauchen Sie Auto, Taxi oder Fahrrad – fahren zum Aussichtspunkt am **Pico do Castelo** › S. 141, besuchen den Weinbauernort **Camacha** › S. 95 und den Badeplatz **Porto das Salemas** › S. 142 an der Nordküste, ehe Sie das östliche Bergmassiv umrunden, um bei **Portela** › S. 106 den Blick über den Strand zu genießen. Am letzten Tag geht es zur felsigen **Ponta da Calheta** › S. 142 im Westen mit Blick nach Madeira und letztlich durch die wüstenhafte Landschaft am Golfplatz von **Campo de Cima** › S. 142 zurück nach Vila Baleira.

An der Ponta da Calheta auf Porto Santo

INFOS VON A–Z

ÄRZTLICHE VERSORGUNG

Ein Gesundheitszentrum *(Centro de Saúde)* gibt es auf Madeira in jedem größeren Ort, auf Porto Santo in der Hauptstadt Vila Baleira.

Caniço und Machico verfügen über kleine Krankenhäuser *(Policlínica)* mit einer Notaufnahmestation. Für komplizierte Fälle ist das große zentrale Inselkrankenhaus *(Hospital)* zuständig:

- **Hospital Dr. Nélio Mendonça,** Funchal, Avenida Luís de Camões, 57, Tel. 291 705 600.

Mitglieder der gesetzlichen Krankenkassen in Deutschland, Österreich und der Schweiz können im Krankenhaus die Europäische Krankenversicherungskarte vorlegen (meist ist sie in die nationale Versichertenkarte integriert). Der Leistungsumfang ist allerdings begrenzt. Niedergelassene Ärzte akzeptieren sie gar nicht.

Aus diesem Grund empfiehlt sich der Abschluss einer privaten Reisekrankenversicherung. Muss man sie in Anspruch nehmen, sind die Arztrechnungen zunächst bar zu bezahlen. Diese sollten detailliert sein, will man keine Probleme bekommen, wenn man sie anschließend bei der Versicherung einreicht.

- **Privates Internationales Ärztezentrum:** Lido Medical Center, Funchal, Estrada Monumental 284 (Centro Comercial Monumental Lido), 3. Stock, Tel. 291 771 020 (Mo–Sa 9–22 Uhr).

BARRIEREFREIES REISEN

Für Reisende mit Mobilitätseinschränkungen ist Madeira nur eingeschränkt zu empfehlen. Zwar verfügen einige Hotels und Ferienhäuser über eine behindertengerechte Einrichtung. Doch die Ausflugsmöglichkeiten sind in der durchweg gebirgigen Landschaft für Rollstuhlfahrer eher begrenzt. Im Innenstadtbereich von Funchal sind die Bordsteine an Straßenübergängen abgesenkt. Manche Stadtbusse, die zwischen Hotelviertel und Zentrum verkehren, können mit Rollstühlen benutzt werden.

DIPLOMATISCHE VERTRETUNGEN

- **Deutsche Botschaft**
  Campo dos Mártires da Pátria 38, Lissabon, Tel. 218 810 210, www.lissabon.diplo.de.
- **Österreichisches Honorarkonsulat**
  Rua Imperatriz Dona Amélia, Funchal, Ed. Princesa, Tel. 291 627 541, www.bmeia.gv.at, Mo–Fr 9.30–12.30 Uhr.
- **Schweizerische Botschaft**
  Travessa do Jardim 17, Lissabon, Tel. 213 944 090, www.eda.admin.ch

EINREISEBESTIMMUNGEN

Reisende aus Deutschland und Österreich dürfen sich unbegrenzt lange in Portugal aufhalten. Nach drei Monaten sollte man sich polizeilich anmelden. Schweizer können ohne Visum maximal drei Monate bleiben. Bei der Einreise aus Deutschland, Österreich und der Schweiz finden keine Ausweiskontrollen statt. Allerdings verlangen die Fluggesellschaften beim Einchecken sowie vor Ort die Hotels und Autovermietungen die Vorlage von Pass/Ausweis bzw. der nationalen Identitätskarte.

Die Besitzer von Haustieren benötigen den amtlichen EU-Heimtier-Ausweis mit dem Nachweis einer Tollwutimpfung. Die Tiere müssen anhand eines Mikrochips identifizierbar sein, eine Tätowierung allein genügt nicht.

ELEKTRIZITÄT

Die Wechselspannung beträgt durchweg 220 Volt. Ein Adapter wird normalerweise nicht benötigt.

FEIERTAGE

- 1. Januar: Neujahr (Ano Novo)
- Karfreitag (Sexta-feira Santa)
- 25. April: Jahrestag der »Nelkenrevolution« (Dia da Liberdade)
- 1. Mai: Tag der Arbeit (Dia Internacional do Trabalho)
- 10. Juni: Nationalfeiertag zu Ehren des Dichters Camões (Dia de Camões)
- Fronleichnam (Corpo de Deus)
- 1. Juli: Feiertag der Autonomen Region Madeira (Dia da Região)
- 15. August: Mariä Himmelfahrt (Assunção)
- 21. August: Stadtfeiertag Funchal (Dia do Funchal)
- 5. Oktober: Tag der Republik (Dia da República)
- 1. November: Allerheiligen (Todos-os-Santos)
- 1. Dezember: Tag der Restauration (Dia da Restauração)
- 8. Dezember: Mariä Empfängnis (Imaculada Conceição)
- 25. Dezember: Weihnachten (Natal)

FERNSEHEN UND RUNDFUNK

In den meisten Hotels sind internationale Sender, darunter mehrere deutsche Fernsehprogramme zu empfangen. Das Programm der Deutschen Welle (TV) kann man unter www.dw.de abrufen.

GELD

Sowohl mit Kreditkarte als auch mit Bankkarte (Maestro, VPay) und PIN kann man an Automaten Bargeld abheben und in zahlreichen Hotels, Restaurants, Tankstellen und Supermärkten bezahlen. VPay funktioniert allerdings nur dort, wo ein entsprechendes Chiplesegerät vorhanden ist.

INFORMATIONEN

- **In Deutschland:**
  Turismo de Portugal:
  Zimmerstr. 56, 10117 Berlin,
  Tel. 030/254 10 60,
  edt.berlin@turismodeportugal.pt
- **Im Internet:** Auskünfte und Downloads unter www.visitportugal.com, Anfragen per E-Mail unter:
  info@visitportugal.com.
- **In Madeira:**
  Speziell über Madeira informiert:
  Direcção Regional de Turismo, Avenida Arriaga 16, 9004-519 Funchal,
  Tel. 291 211 900,
  info.srt@gov-madeira.pt,
  www.visitmadeira.pt.

KLEIDUNG

Ausgesprochenes Sommerwetter bietet Madeira nur von Juli bis September. Für die übrige Zeit sollte man wärmende Pullover und eine Jacke einpacken. In höheren Lagen kann es nicht nur im Winter sehr frisch werden. Auch ein Regenschutz gehört ins Gepäck.

NOTRUF

- Allgemeiner Notruf: Tel. 112.
- Bergrettung: Tel. 291 700 112.
- Zentraler Sperr-Notruf für in Deutschland ausgegebene Bankkarten (girocards), z. T. auch Kreditkarten:

💬 URLAUBSKASSE

• Tasse Kaffee	0,80–2,70 €
• Softdrink	1–3 €
• Glas Bier	1–3,50 €
• Prego (Brötchen mit Steak)	um 4 €
• Eis »Cornetto«	1,70 €
• Taxifahrt (pro km)	ca. 1,50 €
• Mietwagen/Tag	ab 45 €
• 1 l Superbenzin	ca. 1,50 €

Tel. 00 49/116 116 (Liste der Institute unter www.sperr-notruf.de)

ÖFFNUNGSZEITEN

In der Innenstadt von Funchal öffnen kleinere Geschäfte Mo–Fr 9–13, 15–19, Sa 9–13 Uhr, in anderen Orten oft durchgehend, nachmittags und/oder abends länger oder sogar am Sonntagvormittag. Einkaufszentren und größere Supermärkte sind überall täglich (auch am Sonntag) etwa zwischen 9 und 22 Uhr geöffnet.

Bei Restaurants sind feste Öffnungszeiten, die strikt eingehalten werden, eher die Ausnahme. Vielfach passen die Lokale ihre Zeiten den saisonalen Gegebenheiten an. Da die meisten Restaurants zugleich auch Barbetrieb vom Frühstück bis zum Absacker bieten, öffnen viele täglich von früh bis spät, speziell in ländlichen Gebieten. In den meisten Speiselokalen gibt es durchgehend warme Küche.

POST

Das Porto für eine Postkarte und einen 20-g-Brief in europäische Länder beträgt 80 Cent. Briefmarken *(selos)* erhält man nur in Postfilialen (geöffnet meist Mo–Fr 9–19 Uhr), in Verkaufsstellen (Souvenirläden u. a.) mit CTT-Schild sowie in manchen Hotels.

SICHERHEIT

Madeira ist eine relativ sichere Urlaubsregion. Dennoch sind Geld und Wertgegenstände am besten im Hotelsafe aufgehoben; die Mietkosten dafür betragen etwa 2 € pro Tag.

SOUVENIRS

Madeira-Stickerei hat als echte Handarbeit ihren Preis. Das größte Sortiment bieten die Stickereimanufakturen in Funchal an > S. 78. Korbwaren kauft man am besten im Café Relógio in Camacha > S. 96 oder auf dem Markt in Funchal > S. 71.

Wellness- und Heilpflanze Aloe vera

Madeirawein darf nur ins Handgepäck, wenn er am Flughafen hinter der Sicherheitskontrolle erworben oder ausgeliefert wurde (Shop von Blandy's Wine Lodge). Er lässt sich aber auch, in gepolsterten Spezialkartons sicher verpackt, sehr gut im Koffer verstauen. In den Weinkellereien in Funchal > S. 57 darf vor dem Kauf probiert werden.

Auch Blumen werden auf Wunsch gerne transportsicher verpackt. Strelitzien, Orchideen, Flamingoblumen und Proteas halten die Blumenhändlerinnen in der Markthalle von Funchal und auf dem winzigen Blumenmarkt nahe der Kathedrale bereit, ebenso wie zahlreiche Blumengeschäfte (z. B. in der Abflughalle des Flughafens).

In vielen Andenkenläden, aber auch in Supermärkten finden sich Kosmetikprodukte mit Aloe vera und Parfum der Marke »Flores da Madeira« in verschiedenen Duftnoten, z. B. Orchidee, Protea und Strelitzie. Beides stellt eine kleine Firma in Caniçal her.

Seit einigen Jahren wird hochwertige Schokolade in diversen Geschmacksrichtungen auf Madeira produziert. Anstelle von Zucker enthält sie den auf der Insel erzeugten *mel de cana* (Zuckerrohrsirup). Die Insel ist auch für ihre Backwaren bekannt. Neben dem traditionellen Weihnachtskuchen, dem *bolo de mel* (»Honigkuchen«), den es mittlerweile das ganze Jahr über gibt, eignen sich gut als Mitbringsel verschiedene Plätzchen, etwa die mit Zuckerrohrsirup gebackenen *broas de mel*. Sie werden in kleinen Familienbetrieben hergestellt. Dies gilt auch für die vor allem in Curral das Freiras und am Aussichtspunkt Eira do Serrado erhältlichen Bonbons, die in verschiedenen Geschmacksrichtungen (Eukalyptus, Fenchel u. a.) angeboten werden.

TELEFON
Vom Hotelzimmer aus zu telefonieren gestaltet sich relativ teuer, Telefonsäulen gibt es kaum noch. Am günstigsten telefoniert man inzwischen mit dem eigenen Handy. Die einst berüchtigten Roaming-Gebühren wurden innerhalb der EU komplett abgeschafft. Dies gilt allerdings nicht für Handyverträge aus der Schweiz.

Wer eine Prepaid-Karte von T-Mobile oder Vodafone benutzt, kann diese in jedem Payshop aufladen (Adressen unter www.payshop.pt).

Bei Telefonaten mit ausländischen Handys ist innerhalb Portugals die Landesvorwahl 00 351 mitzuwählen, dann folgt unmittelbar die neunstellige Teilnehmernummer. Ortsvorwahlen gibt es in Portugal nicht. Vorwahl Deutschland 00 49, Österreich 00 43, Schweiz 00 41.

TRINKGELD
In Restaurants ist das Bedienungsgeld im Rechnungsbetrag enthalten. Es ist üblich, bei zufriedenstellendem Service 5 bis 10 % extra zu geben (vorher Wechselgeld herausgeben lassen). Hotelgepäckträger erwarten pro Koffer ca. 1 €, Zimmermädchen ca. 7 € pro Woche und Zimmer.

TRINKWASSER
Leitungswasser ist, da oft stark gechlort, zum Trinken eher nicht geeignet. Alternativ empfiehlt sich Wasser aus dem Supermarkt, das dort in 5-Liter-Kanistern erhältlich ist.

WETTERBERICHT ONLINE
Eine Vorhersage für vier Tage gibt es unter www.wetteronline.de/Portugal/Madeira.htm. Die Werte für Temperatur und Bewölkungsgrad gelten für die Südküste bei Funchal. In den Bergen und im Norden der Insel kann es deutlich kühler und regnerischer sein als angegeben.

ZEIT
Auf Madeira gilt westeuropäische Zeit (WEZ). Bei Ankunft muss die Uhr also ganzjährig um eine Stunde zurückgestellt werden.

ZEITUNGEN
Oft schon am selben Tag oder höchstens mit eintägiger Verspätung liegen in Funchal, Caniço und am Flughafen alle großen deutschen Tageszeitungen und Zeitschriften am Zeitungskiosk aus. In anderen Orten sind sie dagegen eher selten zu bekommen.

ZOLL
Für Reisende aus EU-Ländern sind Artikel, die für den persönlichen Gebrauch bestimmt sind, zollfrei.

Bei Einreise in die Schweiz gelten folgende Freimengen pro Person über 18 Jahre: 1 l mit mehr oder 2 l Spirituosen mit weniger als 15 Vol.-% Alkoholgehalt, 200 Zigaretten oder 100 Zigarillos oder 50 Zigarren oder 250 g Tabak, 500 g Kaffee und 50 g Parfüm sowie Souvenirs bis zum Wert von 300 CHF. Weitere Infos unter www.zoll.ch.

REGISTER

BILDNACHWEIS

Coverfoto Pico do Arieiro, Madeira © AWL Images/ClickAlps
Fotos Umschlagrückseite Huber Images/Gräfenhain, Günter (links); Shutterstock/Van Urk, T. W. (Mitte); Shutterstock/Lurye, Anna (rechts)

Alamy/Garden World Images Ltd: 31; Alamy/imageBROKER: 76; Galoresort: 95; Huber Images/da Ros, Luca: 20/21, 58/59; Huber Images/Fantuz, Olimpio: 121, 150; Huber Images/Gräfenhain, Günter: 8-2, 34/35, 65, 89, 140, 149; Huber Images/Kreder, Katja: 107; Huber Images/Taylor, Richard: 44; iStockphoto/Leeuwtje: 147; Jahreszeitenverlag/Schmitz, Walter: 55, 79, 136; laif/ Kaiser, Christian: 14; laif/Gonzalez: 145; laif/Hemis/Frumm, John: 46; laif/Hemis/Giuglio, Gil: 47; laif/Huber, Hans-Bernhard: 6/7, 143; laif/Knoll, Georg: 16; laif/Nottebrock, Joanna: 53; laif/robertharding/Clark Neale: 88; laif/Standl, Guenter: 56, 110, 122; Lipps, Susanne: 8-1; Lookphotos/age fotostock: 60; Lookphotos/Mirau, Rainer: 23; Lookphotos/Widmann, Thomas Peter: 134; mauritius images/Alamy: 102; Quinta das Vinhas/ Bayntun, Nic: 32; Shutterstock/aldorado: 69, 104; Shutterstock/Andi111: 87; Shutterstock/Andrushko, Galyna: 13; Shutterstock/Bernsmann, Stefan: 72; Shutterstock/Breitenberger, Anna: 9; Shutterstock/Brozova, Alena: 153; Shutterstock/Evannovostro: 131; Shutterstock/F8 studio: 17; Shutterstock/Gross, Dennis: 37; Shutterstock/Janyst, Lukasz: 90; Shutterstock/kavram: 39; Shutterstock/Kovalenko, Veronika: 92; Shutterstock/Lurye, Anna: 115; Shutterstock/Pack-Shot: 96; Shutterstock/Petroos: 57; Shutterstock/Pomelnikova, Maria: 19; Shutterstock/Popova, Tatiana: 81; Shutterstock/Russ, Albert: 10; Shutterstock/Savvapanf Photo: 18; Shutterstock/sokolovsky: 26; Shutterstock/Van Urk, T. W.: 49; Shutterstock/Vlada, Z: 40; Shutterstock/wjarek: 15, 30, 51.

Liebe Leserin, lieber Leser,
wir freuen uns, dass Sie sich für diesen POLYGLOTT on tour entschieden haben.
Unsere Autorinnen und Autoren sind für Sie unterwegs und recherchieren sehr gründlich, damit Sie mit aktuellen und zuverlässigen Informationen auf Reisen gehen können.
Dennoch lassen sich Fehler nie ganz ausschließen. Wir bitten Sie um Verständnis, dass der Verlag dafür keine Haftung übernehmen kann.

Ihre Meinung ist uns wichtig. Bitte schreiben Sie uns:
GRÄFE UND UNZER VERLAG
Postfach 86 03 66, 81630 München, Tel. 0 89 / 419 819 41
www.polyglott.de

LESERSERVICE
polyglott@graefe-und-unzer.de
Tel. 0 800 / 72 37 33 33 (gebührenfrei in D, A, CH), Mo–Do 9–17 Uhr, Fr 9–16 Uhr

1. Auflage 2019

© 2019 GRÄFE UND UNZER VERLAG GmbH, München
Dieses Buch wurde auf chlorfrei gebleichtem Papier gedruckt.
ISBN 978-3-8464-0323-5

Bei Interesse an maßgeschneiderten B2B-Editionen:
gabriella.hoffmann@graefe-und-unzer.de

Bei Interesse an Anzeigen:
KV Kommunalverlag GmbH & Co KG
Tel. 089/928 09 60
info@kommunal-verlag.de

Verlagsredaktion: Anne-Katrin Scheiter
Autorin: Susanne Lipps
Redaktion: Annette Pundsack
Bildredaktion: Lisa Rost
Mini-Dolmetscher: Langenscheidt
Umschlaggestaltung & Layout:
Independent Medien Design, München
Horst Moser (Artdirection), Lucie Heselich
Karten und Pläne: Theiss Heidolph und Kunth Verlag GmbH & Co. KG
Satz: uteweber-grafikdesign
Herstellung: Anna Bäumner
Druck und Bindung:
Printer Trento, Italien

PEFC
PEFC/18-31-506

GRÄFE UND UNZER

Ein Unternehmen der
GANSKE VERLAGSGRUPPE

MINI-DOLMETSCHER PORTUGIESISCH

ALLGEMEINES

Guten Tag.	Bom dia. [bõ **dia**]
Hallo!	Olá! [**ola**]
Wie geht's?	Como está? [komu‿**ischta**]
Danke, gut.	Tudo bem, obrigado (m.) / obrigada (w.). [**tudu** bẽj ubri**gadu** / ubri**gada**]
Ich heiße ...	Chamo-me ... [**schamu‿me**]
Auf Wiedersehen.	Até logo / Adeus. [a**te** logu / a**de·usch**]
Morgen	manhã [man**jã**]
Nachmittag / Abend	tarde [**tardə**]
Nacht	noite [**nojtə**]
morgen	amanhã [aman**jã**]
heute	hoje [**oschə**]
gestern	ontem [**õntẽj**]
Sprechen Sie Deutsch / Englisch?	Fala alemão / inglês? [fala‿aləmãu / in**glesch**]
Wie bitte?	Como, desculpe? [komu di**sehkulpə**]
Ich verstehe nicht.	Não entendo. [nãu ĩn**tẽndu**]
Sagen Sie es bitte nochmals.	Se faz favor, repita. [sə **faseh** fawor re**pita**]
Bitte, ...	Se faz favor, ... [sə **faseh** fawor]
danke	obrigado (m.) / obrigada (w.) [ubri**gadu** / ubri**gada**]
was / wer / welcher	o que / quem / qual [u ke / kẽj / kwal]
wo / wohin	onde / para onde [**õndə** / para **õndə**]
wie / wie viel	como / quanto [**komu** / **kwãntu**]
wann / wie lange	quando / quanto tempo [**kwãndu** / **kwãntu** tẽmpu]
warum	porquê [**purke**]
Wie heißt das?	Como se diz? [komu sə **diseh**]
Wo ist ...?	Onde está / Onde fica ...? [**õndə‿ischta** / õndə‿**fika**]
Können Sie mir helfen?	Podia-me ajudar? [pu**dia‿mə** a**sehudar**]
ja	sim [sĩ]
nein	não [nãu]
Entschuldigen Sie.	Desculpe. [di**sehkulpə**]
Das macht nichts.	Não faz nada. [nãu **faseh nada**]
Gibt es hier eine Touristeninformation?	Há por aqui uma informação turística? [a pur‿**aki uma** ĩnfurma**ßãu turischtika**]

SHOPPING

Wie viel kostet das?	Quanto custa isto? [**kwãntu kuscht**a **ischtu**]
Das ist zu teuer.	É caro demais. [e **karu dəmaisch**]
Das gefällt mir (nicht).	Eu (não) gosto disso. [eu (nãu) **goscht**u **dissu**]
Wo ist hier eine Bank?	Onde há um banco? [**õndə** a û‿**bänku**]
Ich möchte 100 g Käse / zwei Kilo Orangen.	Queria cem gramas de queijo / dois kilos de laranjas. [**keria** sẽj **gra**masch də **kejsehu** / dojsch **ki**lusch də la**ränsehasch**]
Haben Sie deutsche Zeitungen?	Tem jornais alemães? [tẽj **sehurnajsch** aləm**ãjsch**]
Wo kann ich telefonieren?	Onde posso telefonar? [**õndə** possu telefu**nar**]

ESSEN UND TRINKEN

Die Speisekarte bitte.	A ementa, se faz favor. [a e**mẽn**ta sə **faseh** fawor]
Brot	pão [**pãu**]
Kaffee	café [**kafe**]
Tee	chá [**scha**]
mit Milch / Zucker	com leite / açúcar [kõ **leitə** / a**ßu**kar]
Orangensaft	sumo de laranja [**ßu**mu də la**ränseh**a]
Suppe	sopa [**ßo**pa]
Fisch / Meeresfrüchte	peixe / mariscos [**peisch**ə / ma**rischk**usch]
Fleisch / Geflügel	carne / aves [**karn**ə / a**wəsch**]
vegetarisches Gericht	prato vegetariano [**prat**o wəseh**a**tarjanu]
Eier	ovos [**owusch**]
Salat	salada [sa**lada**]
Dessert	sobremesa
Obst	[sobrəmesa]fruta [**fruta**]
Eis	gelado [**seh**eladu]
Wein	vinho [**winju**]
weiß / rot / rosé	branco / tinto / rosé [**bränku** / **tĩn**tu / rose]
Bier	cerveja [**serwe**seha]
Wasser	água [**agwa**]
Mineralwasser	água mineral [agwa mine**ral**]
mit / ohne Kohlensäure	com gas / sem gas [kõ gas / ßẽj gas]
Limonade	limonada [limo**nada**]
Ich möchte bezahlen.	A conta, se faz favor. [a **kõn**ta, sə **faseh** fawor]

MEINE ENTDECKUNGEN

....

....

....

....

....

....

....

....

....

....

....

....

....

....

....

....

....

....

Teilen Sie Ihre Entdeckungen auf facebook.com/Polyglottreisewelt.

CHECKLISTE MADEIRA

Nur da gewesen oder schon entdeckt?

☐ **URBANES FLAIR**
Genießen Sie das Flair der Hauptstadt Funchal mit ihren Straßencafés, Boutiquen und exotischen Parks. › S. 65

☐ **ATLANTIKFISCH**
Verschiedenerlei Fisch, frisch aus dem Meer herausgezogen, servieren die Restaurants von Câmara de Lobos. › S. 83

☐ **BIZARRE FELSEN**
Bei einer Wanderung auf der Ostspitze Ponta de São Lourenço erleben Sie imposante, zerklüftete Gesteinsformationen. › S. 106

☐ **FLEISCHSPIESSE**
Inselspezialität ist der Espetada, den Sie frisch vom Grill in den urigen Hüttenlokalen von Portela verspeisen können. › S. 107

☐ **ROMANTISCHER RHODODENDRONPARK**
Im Waldpark von Queimadas herrscht zwischen riesigen Rhododendronbäumen und Azaleen eine besondere Stimmung. › S. 115

☐ **VULKANHÖHLE**
Erkunden Sie in den Grutas de São Vicente die Unterwelt der Lavaströme mit ihren vielfältigen Formen und Farben. › S. 119

☐ **URALTE BAUMRIESEN**
Um die dicken Stämme der knorrigen Lorbeerbäume am Fanal zu umfassen, müssen mehrere Menschen zusammenkommen. › S. 128

☐ **PANORAMA AUF PORTO SANTO**
Bestaunen Sie auf der Nachbarinsel Porto Santo den Blick nach Madeira von der Ponta da Calheta. › S. 142

💬 **MITBRINGSEL**

- **Einen von Hand geflochtenen Korb,** in dem Sie die Frühstücksbrötchen servieren › S. 96
- **Goldfarbenen Bienenhonig** aus den Bergen Madeiras vom Erzeugermarkt › S. 71